Historia de la Filosofía

Sin temor ni temblor

Fernando Savater

Historia de la Filosofía Sin temor ni temblor

Ilustraciones de
Juan Carlos Savater

ESPASA

Obra editada en colaboración con Espasa Calpe – España

Ilustraciones (interior y portada): Juan Carlos Savater
Diseño de portada: más!gráfica   .
Maqueta y diseño de interiores: María Jesús Gutiérrez

© 2009, Editorial Planeta Mexicana, S.A. de C.V.
Bajo el sello editorial ESPASA_MR_
Avenida Presidente Masarik núm. 111, 2o. piso
Colonia Chapultepec Morales
C.P. 11570 México, D.F.
www.editorialplaneta.com.mx

Primera edición impresa en España: 2009
ISBN: 978-84-670-3151-5

Primera edición impresa en México: enero de 2010
ISBN: 978-607-07-0310-2

Impreso en los talleres de Litográfica Ingramex, S.A. de C.V.
Centeno núm. 162, colonia Granjas Esmeralda, México, D.F.
Impreso en México – *Printed in Mexico*

**Para Juan y Luz,
los nuevos pensadores**

Nadie por ser joven dude de filosofar
ni por ser viejo de filosofar se hastíe.
Pues nadie es joven o viejo
para la salud de su alma.

EPICURO, *Carta a Meneceo*

Índice

Capítulo 1

¿Filosofía? ¿Qué es eso?

Nos pasamos la vida haciendo preguntas: ¿qué hay esta noche para cenar?, ¿cómo se llama esa chica?, ¿cuál es la tecla del ordenador para «borrar»?, ¿cuánto son cincuenta por treinta?, ¿cuál es la capital de Honduras?, ¿adónde iremos de vacaciones?, ¿quién ha cogido mi móvil?, ¿has estado en París?, ¿a qué temperatura hierve el agua?, ¿me quieres?

Necesitamos hacer preguntas para saber cómo resolver nuestros problemas, o sea, cómo actuar para conseguir lo que queremos. En una palabra, hacemos —y nos hacemos— preguntas para aprender a vivir mejor. Quiero saber qué voy a comer, adónde puedo ir, cómo es el mundo, qué tengo que hacer para viajar en el menor tiempo posible a casa o a donde viven mis amigos, etcétera. Si tengo inquietudes científicas, me gustaría saber cómo hacer volar un avión o cómo curar el cáncer. De la respuesta a cada una de esas preguntas depende lo que haré después: si lo que quiero es ir a Nueva York y pregunto cómo puedo viajar hasta allí, será muy interesante enterarme de que en avión tardaré seis horas, en barco dos o tres días y a nado aproximadamente un año, si los tiburones no lo impiden. A partir de lo que aprendo con esas respuestas tan informativas, decidiré si prefiero comprarme un billete de avión o un traje de baño.

¿A quién tengo que hacer esas preguntas tan necesarias para conseguir lo que quiero y para actuar del modo más práctico posible? Pues deberé preguntar a quienes saben más que yo, a los expertos en cada uno de los temas que me interesan: a los geógrafos si se trata de geografía, a los médicos si es cuestión de salud, a los informáticos si no sé por qué se me

bloquea el ordenador, a la agencia de viajes para organizar lo mejor posible mi paseo por Nueva York, etcétera. Afortunadamente, aunque uno ignore muchas cosas, estamos rodeados de sabios que pueden aclararnos la mayoría de nuestras dudas. Lo importante es acertar con la persona a la que vamos a preguntar. Porque el carpintero no nos servirá de nada en cuestiones informáticas ni el mejor entrenador de fútbol sabrá quizá aclararnos cuál es la ruta más segura para escalar el Everest. De modo que la primera pregunta, anterior a cada una de las demás, es: ¿quién sabe más de esta cuestión que me interesa?, ¿dónde está el experto que puede darme la información útil que necesito? Y en cuanto lo tengamos localizado —sea en persona, en un libro, en Wikipedia o como fuere—, ¡a por él sin contemplaciones, hasta que suelte lo que quiero saber!

Como normalmente pregunto para saber qué debo hacer, en cuanto conozco la respuesta me pongo manos a la obra y la pregunta en sí misma deja de interesarme. ¿A qué temperatura hierve el agua?, pregunto, porque resulta que quiero cocerme un huevo para desayunar. Cuando lo sé, pongo el microondas a esa temperatura y me olvido de lo demás. ¡Ah, y luego me como el huevo! Sólo quiero saber para actuar: cuando ya sé lo que debo hacer, tacho la pregunta y paso a otra cuestión urgente. Pero... ¿y si de pronto se me ocurre una pregunta que no tiene nada que ver con lo que voy a comer, ni con mis viajes, ni con las prestaciones de mi móvil, ni siquiera con la geografía, la física o las demás ciencias que conozco? Una pregunta con la que no puedo hacer nada y con la que no sé qué hacer... ¿entonces, qué?

Vamos con otro ejemplo, para entendernos... o liarnos un poco más. Supón que le preguntas a alguien qué hora es. Se lo preguntas a alguien que tiene un buen reloj, claro. Quieres saber la hora porque vas a coger un tren o porque tienes que poner la tele cuando empiece tu programa favorito o porque has quedado con los amigos para ir a bailar, lo que prefieras. El dueño del reloj estudia el cacharro que lleva en su muñeca y te responde: «Las seis menos cuarto». Bueno, pues ya está: el asunto de la hora deja de preocuparte, queda cancelado. Ahora lo que te importa es si debes apresurarte para no llegar tarde a tu cita, al partido o al tren. O si aún es pronto y puedes echarte otra partidita de play station... Pero imagínate que en lugar de preguntar «¿qué hora es?» se te ocurre la pregunta «¿qué es el tiempo?». Ay, caramba, ahora sí que empiezan las dificultades.

Porque, para empezar, sea el tiempo lo que sea vas a seguir viviendo igual: no saldrás más temprano ni más tarde para ver a los amigos o para tomar el tren. La pregunta por el tiempo no tiene nada que ver con lo que vas a hacer sino más bien con lo que tú **eres**. El tiempo es algo que te pasa a ti, algo que forma parte de tu vida: quieres saber qué es el tiempo porque pretendes conocerte mejor, porque te interesa saber de qué va todo este asunto —la vida— en el que resulta que estás metido. Preguntar «¿qué es el tiempo?» es algo parecido a preguntar «¿cómo soy yo?». No es una cuestión nada fácil de responder...

Segunda complicación: si quieres saber qué es el tiempo... ¿a quién se lo preguntas?, ¿a un relojero?, ¿a un fabricante de calendarios? La verdad es que no hay especialistas en el tiempo, no hay «tiempólogos». A lo mejor un científico te habla de la teoría de la relatividad y del tiempo en el espacio interplanetario; un antropólogo puede explicarte las diferentes formas de medir el paso del tiempo que han inventado las sociedades; y un poeta te cantará en verso la nostalgia del tiempo que se fue y de lo que se llevó con él... Pero tú no te conformas con ninguna de esas opiniones parciales porque lo que te gustaría saber es lo que el tiempo **realmente** es, sea en el espacio interplanetario, en la historia o en tu biografía. ¿De qué va el tiempo... y por qué se va? No hay expertos en este tema, pero en cambio la cuestión puede interesarle a cualquiera como tú, es decir, a cualquier otro ser humano. De modo que no hace falta que te empeñes en encontrar a un sabio para que te resuelva tus dudas: mejor será que hables con los demás, con tus semejantes, con otros preocupados como tú. A ver si entre todos encontráis alguna respuesta válida.

Te señalo otra característica sorprendente de esta interrogación que te has hecho (a estas alturas, a lo mejor ya te has arrepentido de ello, caramba). A diferencia de las demás preguntas, las que dejan de interesarte en cuanto te las contesta el que sabe del asunto, en este caso la cuestión del tiempo te intriga más cuanto más te la intentan responder unos y otros. Las diversas contestaciones aumentan cada vez más tu curiosidad por el tema en lugar de liquidarla: se te despiertan las ganas de preguntar más y más, no de renunciar a preguntar.

Y no creas que se trata sólo de la pregunta por el tiempo; si quieres saber qué es la libertad, o la muerte, o el Universo, o la verdad, o la naturaleza o... algunas otras grandes cosas así, te ocurrirá lo mismo. Como verás, no son ni mucho menos temas «raros»: ¿acaso es una cosa extravagante o insólita

la muerte o la libertad? Pero tampoco son preguntas corrientes, o sea que no son prácticas, ni científicas: son preguntas **filosóficas.** Llamamos «filosofía» al esfuerzo por contestar esas preguntas y por seguir preguntando después, a partir de las respuestas que has recibido o que has encontrado tú mismo. Porque una característica de ponerse en plan filosófico es no conformarse fácilmente con la primera explicación que tienes de un asunto, ni con la segunda, ni siquiera con la tercera o la cuarta.

Encontrarás gente que para todas estas preguntas te va a prometer una respuesta definitiva y total, ya verás. Ellos saben la verdad buena y garantizada sobre cada duda que tengas porque se la contó una noche al oído Dios, o quizá un mago tipo Gandalf o Dumbledore, o un extraterrestre de lo más alucinante con ganas de hacer favores. Los conocerás enseguida porque te dirán que no preguntes más, que no te empeñes en pensar por tu cuenta, que tengas fe ciega y que aceptes lo que ellos te enseñan. Te dirán —los muy... en fin, prefiero callarme— que no debes ser orgulloso, sino dócil ante los misterios del Universo. Y sobre todo que tienes que creerte sus explicaciones y sus cuentos a pies juntillas, aunque no logren darte razones para aceptarlos. Las cosas son así y punto, amén. Incluso algunos intentarán convencerte de que lo suyo es también filosofía: ¡mentira! Ningún filósofo auténtico te exigirá que creas lo que no entiendes o lo que él no puede explicarte. Voy a contarte un ejemplo que muchos me juran que sucedió de verdad, aunque como yo no estaba allí, no puedo asegurártelo.

Resulta que, hace unos pocos años, se presentó en una pequeña ciudad inglesa un gran sabio hindú que iba a dar una conferencia pública nada menos que sobre el Universo. ¡El Universo, agárrate para no caerte! Naturalmente, acudió mucho público curioso. La tarde de la conferencia, la sala estaba llena de gente y no cabía ni una mosca (bueno, una mosca sí que había, pero quiso entrar otra y ya no pudo). Por fin llegó el gurú, una especie de faquir de lujo que llevaba un turbante con pluma y todo, túnica de colorines, etcétera (una advertencia: desconfía de todos los que se ponen uniformes raros para tratar con la gente: medallas, gorros, capas y lo demás; casi siempre lo único que pretenden es impresionarte para que les **obedezcas**). El supuesto sabio comenzó su discurso en tono retumbante y misterioso: «¿Queréis saber dónde está el Universo? El Universo está apoyado sobre el lomo de un gigantesco elefante y ese elefante pone sus patas sobre el caparazón de una inmensa tortuga». Se oyeron exclamaciones entre el público —«¡Ah! ¡Oh!»— y un viejecito despistado exclamó piadosamente: «¡Alabado sea el Señor!». Pero entonces una señora gordita y con gafas, sentada en la segunda fila, preguntó tranquilamente: «Bueno, pero... ¿dónde está la tortuga?».

El faquir dibujó un pase mágico con las manos, como si quisiera hacer desaparecer del Universo a la preguntona, y contestó, con voz cavernosa: «La tortuga está subida en la espalda de una araña colosal». Hubo gente del público que sintió un escalofrío, imaginando a semejante bicho. Sin embargo, la señora gordita no pareció demasiado impresionada y volvió a levantar la mano para preguntar otra vez: «Ya, claro, pero naturalmente me gustaría saber dónde está esa araña». El hindú se puso de color rojo subido y soltó un resoplido como de olla exprés: «Mi muy querida y... ¡ejem!... curiosilla amiga, je, je —intentó poner una voz meliflua pero le salió un gallo—, puedo asegurarle que la araña está encaramada en una gigantesca roca». Ante esa noticia, la señora pareció animarse todavía más: «¡Estupendo! Y ahora sólo nos falta saber dónde está la roca de marras». Desesperado, el faquir berreó: «¡Señora mía, puedo asegurarle que hay piedras ya **hasta abajo!**». Abucheo general para el farsante.

¿Era un filósofo de verdad ese sabio tunante con turbante? ¡Claro que no! La auténtica filósofa era la señora preguntona, que no se contentaba con las explicaciones que se quedan a medio camino, colgadas del aire. Hizo bien en preguntar y preguntar, hasta dejar claro que el faquir sólo trataba de impresionar a los otros con palabrería falsamente misteriosa que ocultaba su ignorancia y se aprovechaba de la de los demás. Te aseguro que hay muchos así y casi todos se las dan de santones y de adivinos profundísimos: ¡Ojalá nunca falten las señoras preguntonas y filósofas que sepan ponerles en ridículo!

❧ ❧ ❧

La filosofía es una forma de buscar verdades y denunciar errores o falsedades que tiene ya más de dos mil quinientos años de historia. Este libro intenta contar con sencillez y brevedad algunos de los momentos más importantes de esa historia. Cada uno de los filósofos de los que hablaremos pensó sobre asuntos que también te interesan a ti, porque la filosofía se ocupa de lo que inquieta a todos los seres humanos. Pero ellos pensaron según la realidad en que vivieron, que no es igual a la tuya: o sea, las preguntas siguen vigentes en su mayor parte (¿qué es la verdad, la muerte, la libertad, el poder, la naturaleza, el tiempo, la belleza, etcétera), aunque no conocieron, ni siquiera imaginaron la bomba atómica, los teléfonos móviles, Internet ni los videojuegos. ¿Qué significa esto? Pues que pueden ayudarte a pensar pero no pueden pensar en tu lugar: han recorrido parte del camino y gracias a ellos ya no tienes que empezar desde cero, pero tu vida humana en el mundo en que te ha tocado vivirla tienes que pensarla tú... y nadie más. Esto es lo más importante, para empezar y también para acabar: nadie piensa completamente solo porque todos recibimos ayuda de los demás humanos, de quienes vivieron antes y de quienes viven ahora con nosotros... pero recuerda que nadie puede pensar en tu lugar ni exigir que te creas a pies juntillas lo que dice y que renuncies a pensar tú mismo.

Los que charlan son Alba y Nemo, que tienen doce o trece años, no estoy seguro. Están en el aula de algún colegio y tras ellos hay una pizarra con números medio borrados y al fondo un mapa de Europa bastante anticuado, seguramente más viejo que cualquiera de ellos.

NEMO.—Tú puedes decir lo que quieras, pero a mí eso de la filosofía me parece una solemne tontería.

ALBA.—Pues en cambio a mí me interesa, ya ves. Creo que puede ser... flipante.

NEMO.—¡Vaya, «flipante»! O sea, lo que yo te he dicho: una tontería.

ALBA.—Un momentito, eh, sin empujar. Lo que quiero decir es que me gusta porque... porque...

NEMO.—¿Por qué, si puede saberse? Venga, dímelo de una vez, a ver si te aclaras.

ALBA.—Pues porque así de momento... para empezar... parece que no sirve para nada.

NEMO.—¡Vaya mérito! ¡Qué estupendo, no servir para nada, figúrate! ¡Flipante!

ALBA.—Eres idiota.

NEMO.—No, qué va: ¡soy flipante!

ALBA.—Pues a lo mejor... Vamos a ver: tú, ¿para qué sirves?

NEMO.—¿Servir? Vaya, qué te crees, no soy un aparato ni una herramienta. Las personas no servimos para nada, hacemos lo que queremos.

ALBA.—Menos los esclavos...

NEMO.—¡Yo no soy esclavo, oye! Y creo que ya no hay esclavos en ninguna parte, para que te enteres. Hace **siglos** dejó de haber esclavos... afortunadamente.

ALBA.—Si tú lo dices... Pero explícame una cosa: ¿qué tiene de malo ser esclavo?

NEMO.—¡Venga ya, no lo preguntarás en serio! Todo el mundo sabe que los esclavos tienen que hacer lo que les mandan, no son libres, están obligados a servir a...

ALBA.—Ah, de modo que los esclavos sí que sirven para algo.

NEMO.—Quieres liarme, ¿verdad? Claro que sirven, sirven para cortar leña, o para hacer la comida, o para arrastrar piedras, pero lo hacen para otros, por obediencia. ¡No son libres!

ALBA.—Claro, las personas libres no sirven, ¿verdad? Se nota que son libres porque no están obligadas a servir... para nada.

NEMO.—Bueno, espera, las personas libres también sirven... pero sirven porque quieren... o sea, que no sirven como los esclavos... sirven sin que les manden, por gusto... en fin, que es completamente diferente.

ALBA.—O sea, que quienes son libres sólo sirven si les apetece, y si no quieren, no sirven. Vamos, que son libres de servir o no servir. ¿Es eso?

NEMO.—Pues claro, es fácil de entender.

ALBA.—Entonces aclárame lo de la filosofía. ¿Por qué todas las preguntas que nos hacemos tienen que servir obligatoriamente para algo, como si fuesen esclavas? ¿Por qué no puede haber preguntas libres, como a ti te gusta, o sea, preguntas que sirvan sólo si quieren pero también que no sirvan para nada si no les apetece o prefieren no servir?

NEMO.—¡Preguntas que no sirven para nada!

ALBA.—Como tú, como yo, como las personas libres... preguntas que se nos parecen.

NEMO.—Y esas preguntas serán... ¿filosóficas?

ALBA.—Eso creo yo, si no he entendido mal lo que acaban de decirnos.

NEMO.—Pues bueno, visto así... empieza a interesarme la cosa. Claro, esas preguntas no sirven para nada porque no se refieren a lo que necesitamos sino a lo que somos, ¿no?

ALBA.—Ya lo vas cogiendo.

NEMO.—Oye, y... ¿a quién se le ocurriría eso de la filosofía, con sus preguntas raras? Vamos, me refiero a quién empezó todo este rollo.

ALBA.—Mira, creo que van a contárnoslo enseguida. De modo que... ¡atentos!

NEMO.—¡Flipo, colega!

Capítulo 2

Sócrates: ¡Culpable!

odo comenzó en Grecia, en el siglo IV antes de Cristo: y empezó con un hombre muy especial que hacía demasiadas preguntas. Vivía en Atenas, la ciudad más importante de aquel territorio, que no estaba gobernada por un rey o un emperador como tantas otras del mundo antiguo. No, Atenas tenía un tipo de gobierno distinto a todos los otros, recién inventado: se llamaba **democracia.** Cuando debían tomar una decisión importante, los atenienses se reunían en una gran asamblea y todos podían exponer sus opiniones antes de votar lo que debía hacerse. Bueno, no precisamente «todos», porque ni las mujeres ni los esclavos estaban invitados a esa asamblea: no se les consideraba ciudadanos de pleno derecho. Pero, a pesar de esa grave discriminación, la democracia permitía mucha mayor libertad política y mayor participación del pueblo en el gobierno de lo que se había conocido nunca antes en ningún otro lugar del mundo.

Aquellos antiguos griegos amaban el arte y Atenas estaba llena de hermosos edificios y admirables esculturas. Incluso hoy podemos emocionarnos con los restos de aquel esplendor que aún se conservan en la Atenas moderna. También les gustaban mucho los espectáculos deportivos y hasta inventaron las Olimpiadas, unos juegos que se llamaron así porque se celebraban en la ciudad de Olimpia. Para recor-

dar y celebrar ese origen en las Olimpiadas actuales, la llama olímpica sale siempre ahora desde la vieja Olimpia y es llevada en una carrera de relevos hasta la ciudad que va a ser sede de los juegos, sea Tokio, Los Ángeles o Barcelona. El deporte es también una forma de democracia, porque sólo pueden competir los que se consideran iguales entre sí: ¡cualquiera se atreve a demostrar que es mejor jinete que Calígula o que toca mejor la lira que Nerón!

Otra gran afición de los griegos era la literatura. Les entusiasmaba escuchar a los poetas épicos, como el antiguo Homero y sus sucesivos imitadores: la *Ilíada* contaba —o, mejor dicho, **cantaba** en verso— historias de la guerra de Troya y las hazañas de héroes de uno y otro bando, como Aquiles o Héctor; y la *Odisea* fue el primero de todos los relatos de aventuras, protagonizado por el astuto Ulises que pasa mil peripecias para regresar a su isla natal, luchando contra tempestades marinas, monstruos y hechiceras. En esas historias, que casi todos los griegos conocían prácticamente de memoria, se mezclan los personajes humanos con los dioses de la mitología: el poderoso Zeus, la bella Afrodita, el sabio Apolo, etcétera. Realmente, los mitos eran un conjunto de leyendas y cuentos que servían para explicar los orígenes del mundo y de las costumbres humanas, como se ve claramente en las obras de otros poetas como Hesíodo. Pero sin duda el género literario preferido por los atenienses era el teatro. Los grandes festivales teatrales, en los que se representaban tragedias como las de Esquilo o Sófocles y comedias como las de Aristófanes, duraban días enteros y reunían a todos los habitantes de la ciudad sin excepción, que comían, bebían y hasta dormían a ratos en las gradas que rodeaban el escenario para no perderse ni un detalle del espectáculo. Quizá ni siquiera la televisión ha llegado a ser hoy tan importante socialmente como lo fue entonces el teatro.

Sin embargo, los griegos no se dedicaban sólo al arte y a la ficción que nace de la fantasía. También sentían pasión por el conocimiento basado en la observación de la realidad. Querían saber de qué materia está hecho el mundo, qué son las estrellas y cómo funciona la naturaleza. No les bastaban los cuentos tradicionales y los mitos, muy entretenidos pero poco exactos. Querían pruebas, demostraciones, razonamientos: les gustaba calcular y les fascinaba la precisión misteriosa de la geometría. Tanto o más que la imaginación, que es algo presente en todos los pueblos por primitivos que sean, ellos apreciaban la **razón**, algo mucho menos corriente. No rechazaban las leyendas (o sea, explicar una cosa real a través de un cuento fantástico) pero preferían las teorías, es decir, explicar una parte de lo real por medio de causas tomadas del resto de la realidad que conocemos. Los primeros sabios griegos —Tales, Pitágoras, Anaximandro, etcétera— mezclaban en su enseñanza la imaginación con los razonamientos, las leyendas con las teorías. Muchos les consideran una especie de filósofos primitivos, pero yo creo que aún les faltaba **algo** para llegar a serlo...

Ese «algo» es precisamente la discusión, el debate, el diálogo libre y abierto con otras personas. También discutir es una costumbre democrática, porque sólo discutimos con nuestros iguales: al jefe le damos temblando la razón pero a nuestro colega le planteamos críticas, objeciones y le ofrecemos argumentos... o sea, razonamos con él. Uno puede descubrir solito que el fuego quema, el agua moja y que no debemos meterle la mano en la boca a un león; pero para saber cómo son los seres humanos, qué es lo que consideran bueno y qué les parece malo o cuál puede ser la mejor forma de convivencia social, no hay más remedio que hablar con nuestros semejantes. Podemos llegar a saber cómo funcionan las cosas sin preguntarle nada a nadie (aunque avanzaremos más preguntando, probablemente), pero sin duda sólo preguntando y discutiendo con los demás nos haremos una idea de cómo son los humanos... y por tanto de cómo somos nosotros mismos. Pues bien, la filosofía no trata únicamente de entender las cosas sino también a las personas, y por eso nadie —por sabio que sea— puede filosofar en soledad, sin dialogar y discutir con otros.

De modo que vuelvo a lo que te decía al principio: todo esto de la filosofía empezó verdaderamente con un hombre muy especial que hacía demasiadas preguntas. Vivía en Atenas, con una modestia cercana a la pobreza, era más bien bajo, regordete y bastante feo (eso dicen al menos los que le conocieron personalmente): se llamaba Sócrates. En su juventud, Sócrates había sido un soldado valeroso y se había opuesto a quienes pretendieron imponer una dictadura que acabase con la democracia ateniense. Pero después se dedicó a una tarea extraña, algo que nadie había hecho antes de él: sencillamente, pasaba los días haciendo preguntas a los ciudadanos y discutiendo luego con ellos sus respuestas. A cualquier hora se le podía encontrar en el ágora, la plaza pública

de Atenas donde solía haber más gente, pero también en reuniones en casa de algún conocido o en una cena con varios amigos. Y abordaba con sus preguntas a todo el mundo... por lo menos a todo el mundo que se dejaba, fuesen personas de alta posición o muy humildes, militares, artistas, sencillos artesanos: ¡cualquiera que se le ponía a tiro! No le importaba la edad de sus «víctimas», aunque prefería desde luego hablar con los jóvenes.

Pero ¿sobre qué hacía preguntas Sócrates? Bueno, a él le gustaba recordar una antigua recomendación del oráculo de Delfos, a través del cual se supone que hablaba el mismísimo Apolo: «Conócete a ti mismo». Y también solía contar que un conocido suyo le había preguntado al mismo oráculo quién era el hombre más sabio de Atenas y el oráculo respondió: «Sócrates». Esta respuesta le dejó a Sócrates asombrado. ¡Pero si él no sabía realmente nada de nada! ¿Se habría equivocado el oráculo? Era difícil creerlo, aunque también era difícil comprender el sentido de sus palabras. «¡El más sabio de los atenienses! ¡Cómo puede ser! ¿Por qué me llamará el oráculo "sabio"? ¿Se estará burlando de mí? Yo sólo sé una cosa —pensó Sócrates—: sólo sé que no sé nada. ¡Ah, pero **eso** ya es saber algo! ¿Y si los demás atenienses tampoco saben nada de verdad, como me pasa a mí, pero ni siquiera se dan cuenta de que no saben? En tal caso ya soy un poco más sabio que ellos, porque yo por lo menos sé que no sé, mientras que ellos creen que saben... En tal caso —siguió diciéndose Sócrates—, yo me conozco a mí mismo un poco mejor de lo que ellos se conocen, porque yo sé que soy ignorante y los demás viven tan contentos, sin darse cuenta de que lo son».

Claro, Sócrates se daba perfectamente cuenta de que tanto él como cualquier otro ateniense **sabían** algunas cosas: todos sabían hablar, por ejemplo, o que cuando llueve hay que ponerse bajo techado o... o rascarse la nariz cuando les picaba. Nadie ignora cómo se mastica o cómo se bebe agua. Los carpinteros sabían hacer sillas y mesas —comprobaba Sócrates— y los cocineros preparaban platos muy sabrosos y los jinetes sabían dirigir a sus caballos y los escultores eran capaces de hacer hermosas estatuas y... vaya, parece que todo el mundo, hasta Sócrates, sabía en Atenas algunas cosas. ¿Cómo podía entonces decir él que sólo sabía que no sabía nada... y que el resto de sus conciudadanos no sabía ni siquiera eso? En este punto supongo que el astuto Sócrates hacía una pausa dramática, se rascaba la barbilla y paseaba

Sócrates

sus ojos saltones por los rostros embobados o impacientes de quienes le escuchaban...

«Yo digo que no sé nada —proseguía luego Sócrates— porque en realidad todos mis conocimientos son triviales, sólo útiles para salir del paso o entretenerme. Pero me falta saber lo más importante de todo, lo único imprescindible: **cómo se debe vivir.** ¿De qué me sirve saber cómo hacer esto o aquello si ignoro qué hacer con mi propia vida? Sería igual que estar muy orgulloso de lo bien que sé andar y hasta de lo mucho que puedo correr... pero sin tener ni idea de dónde vengo ni hacia dónde me conviene dirigir mis pasos. A mis conciudadanos atenienses creo que les pasa lo mismo que a mí, que tampoco saben cómo debe vivirse. Hacen lo que ven hacer a los demás, pero sin saber en el fondo si es bueno o malo. Ni siquiera piensan por sí mismos sobre este asunto, se conforman con repetir lo que hicieron sus padres y sus abuelos; otros prefieren imitar a los más ricos —¡ah, por algo

serán ricos!— o a los más fanfarrones y brutos, confundiendo su bravuconería con ser de veras enérgico y fuerte. Algunos siguen su capricho de cada momento y hacen sólo lo que les apetece: ahora como y bebo hasta hartarme, luego me echo a dormir y no me preocupo de qué pasará mañana. Y todos están muy contentos consigo mismos y se las dan de listos... ¡Por eso dijo el oráculo de Delfos que yo, Sócrates, a pesar de no saber nada, soy el más sabio de todos!».

Para ser capaz de vivir bien, pensaba Sócrates, habrá que tener **virtud**. ¿Qué es la virtud? Una mezcla de **fuerza** (para vencer las dificultades, los peligros) y de **acierto** para saber qué es lo mejor que puedo hacer en cada caso. Todavía hoy, en el siglo XXI, seguimos utilizando la palabra «virtud» en ese sentido, cuando decimos que Rafa Nadal es un gran virtuoso del tenis (o sea, que juega estupendamente, con energía para sobreponerse al cansancio y con buen tino para acertar siempre el mejor golpe de raqueta) o que Fulano es un virtuoso de la batería (porque la toca como nadie) o que Menganita tiene la virtud de ser la mejor maestra que pueda uno desear. Del mismo modo, Sócrates estaba convencido de que debía haber una virtud o quizá varias que nos hicieran vivir excelentemente, del mejor modo posible. Porque es estupendo ser un magnífico tenista, o guitarrista o maestro... pero lo más importante de todo es ser un buen ser humano, un ser humano que vive como es debido. Sin embargo, lo mismo que nadie logra jugar al tenis como Rafa Nadal por casualidad, dando raquetazos al tuntún a ver si acierta, tampoco nadie logrará vivir bien sin pensárselo y sin reflexionar sobre qué es la vida humana.

Sócrates estaba convencido de que la virtud tiene que ver con el saber, con la **razón** (y no con la rutina, la imitación, el capricho momentáneo o la tradición que repite las opiniones de nuestros mayores). Ser virtuoso es tener el razonable conocimiento de lo que es una buena vida. ¿La prueba? Pues que nadie hace mal las cosas **a sabiendas**. Si me ves jugar al tenis a mí, que lo hago fatal, no pensarás que sé muy bien cómo se juega pero que lo hago mal aposta, sino que no sé jugar. Lo mismo pasa con quien vive mal: a lo mejor él cree que es muy listo y hace lo que quiere, pero en realidad lo que pasa es que no sabe cómo vivir bien. Llamamos vivir «bien», supone Sócrates, a vivir como de verdad **nos conviene:** por lo cual no nos queda más remedio que ponernos a pensar qué es precisamente eso que nos conviene. Vamos a ver: ¿qué son las cosas que normalmente consideramos convenientes y deseables? Pues la belleza, el valor, el placer, la riqueza, etcétera. Estupendo, pero ¿sabemos de verdad qué son cada una de esas cosas? ¿Quién lo sabe? Por eso Sócrates sale a la calle, va al ágora, a donde está la gente, y comienza a hacer preguntas.

Se encuentra, pongamos, con Hipias, que tiene fama de chico listo, y le pregunta: «Oye, Hipias, por favor, ¿puedes decirme qué es la belleza?». El chico listo se muere de risa: «Pero bueno, Sócrates, ¿te has vuelto tonto o qué? Ni que fueras un niño pequeño... Mira, mira lo buena que está esa chica de allí: eso es la belleza». Sócrates le da muchas gracias por la información: «Claro, tienes razón, mira que soy bobo». Pero añade: «Aunque la verdad es que a mí también me parece muy hermoso ese caballo...». Con un suspiro, como si estuvieran poniendo a prueba su paciencia, Hipias responde: «Naturalmente, Sócrates, el caballo es muy hermoso... también eso es belleza». «Vaya, hombre, gracias de verdad, ahora voy entendiendo... —comenta alegremente Sócrates—. Y entonces el Partenón, ese edificio tan precioso, también será belleza, ¿no?». «Pues claro, Sócrates, claro que sí», confirma con benevolencia Hipias. «Pero... —pero Sócrates pone cara de ir a poner un "pero"—: pero, Hipias, la chica guapa no se parece al caballo ni el caballo al Partenón ni el Partenón a la chica o al caballo... ¡Y sin embargo resulta que los tres son formas de belleza! De modo que volvemos al principio, a lo que yo te preguntaba: ¿qué es la belleza?». A Hipias, el chico listo, se le pone cara de tonto y ya sólo balbucea: «Bueno, verás, claro, digo yo que...». Sócrates espera un poco a que se le pase el desconcierto: está ya acostumbrado a esa reacción de sus interlocutores. Después, como si no hubiera pasado nada, sigue con sus preguntas.

Y sigue preguntando porque él, Sócrates, tampoco sabe qué es la belleza. No hace preguntas a Hipias o a quien sea como un maestro toma la lección al niño, para comprobar si se la ha aprendido. Lo único que Sócrates sabe es que la belleza no es una chica guapa, ni un caballo estupendo o un monumento hermoso: no es una cosa, sino una idea que sirve para describir cosas distintas pero que no resulta fácil precisar. Ya es saber algo: y también sabe que los demás, que tan seguros van por el mundo, no saben ni siquiera eso. Para empezar, sin embargo, Sócrates prefiere fingir que es un ignorante absoluto y que en cambio toma a sus interlocutores por grandes sabios: esa actitud se llama **ironía** y le da bastante buenos resultados. De modo que sigue preguntando y preguntando, para despertar en el otro las dudas respecto a lo que cree saber y luego las ganas de aprender cuando se dé cuenta de que aún no sabe... pero también para llegar a saber más él mismo.

¿Y qué le importa a Sócrates que los demás sepan o no? Muy sencillo: Sócrates está convencido de que nadie puede saber solo, de que lo que sabemos lo sabemos entre todos, de que quienes vivimos en sociedad tenemos también que saber... socialmente. Ya lo hemos dicho antes, la filosofía es una consecuencia de la democracia. Los llamados «filósofos» no forman una casta superior o una secta misteriosa, sino que se saben iguales a los demás humanos: la única diferencia es que se han despertado antes, que se han dado cuenta de que no sabemos lo que creemos saber y quieren poner remedio a esta ignorancia. ¿Qué es un filósofo? Alguien que trata a todos sus semejantes como si también fuesen filósofos y les contagia las ganas de dudar y de razonar.

En algunos de esos diálogos que mantenía Sócrates con la gente no se llegaba al final a ninguna conclusión, salvo una muy importante: que hay que seguir pensando y discutiendo más. En otros, en cambio, Sócrates expuso al final la opinión que le parecía más razonable y verdadera. A veces, esa toma de postura tenía mucha importancia para el objetivo final que buscaba Sócrates, es decir: saber cómo se debe vivir. Por ejemplo, en cierta ocasión mantuvo una discusión casi dramática con un joven arrogante y fanfarrón llamado Caliclés. El tema fue éste: ¿qué es mejor, cometer una injusticia contra otro o padecerla uno mismo? Por supuesto, Caliclés decía que es mucho mejor cometer injusticias que

sufrirlas. Aún más: sostenía que son los debiluchos y amargados quienes siempre se están quejando de lo «injustos» que son los fuertes, es decir, los audaces que se atreven a hacer lo que les apetece, caiga quien caiga. Caliclés estaba decidido a ser todo lo injusto que le diera la gana, faltaría más: consideraba humillante que otro le sometiese a su voluntad en nombre de la ley, de la compasión o de lo que fuera. Sócrates, en cambio, pensaba todo lo contrario: si alguien nos hace una fechoría, no por eso nos volvemos peores ni perdemos la virtud de vivir bien. Es el otro quien se mancha, no nosotros. Lo único que estropea nuestra vida son las injusticias y abusos que cometemos voluntariamente nosotros mismos. Son esas las que nos hacen peores, no las que padecemos por culpa de los demás. La discusión fue larga, bastante agria y ninguno logró convencer al otro. Caliclés se fue muy enfadado y mascullando amenazas contra Sócrates...

No era el único que le detestaba. Algunos de los ciudadanos más conservadores de Atenas se sentían incómodos con Sócrates porque pensaban que hacía dudar de las cosas que siempre se habían creído. Hay gente así: están convencidos de que los dogmas en que creyeron nuestros padres, y nuestros abuelos, y nuestros tatarabuelos no deben nunca discutirse

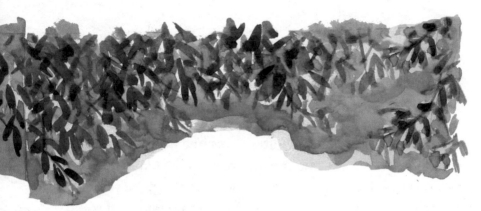

y hay que aceptarlos sin darles más vueltas. La manía de Sócrates de hacer preguntas difíciles de contestar y de discutirlo todo les parecía una falta de respeto, algo subversivo. ¡Qué se había creído ese tipejo extravagante que les comía el coco a los jóvenes con sus bobadas incomprensibles! De modo que finalmente, cuando Sócrates tenía ya setenta años y llevaba mucho tiempo charlando filosóficamente con los atenienses, tres ciudadanos importantes de la ciudad le denunciaron a las autoridades y se abrió un juicio contra él. Le acusaban de impiedad con los dioses de la ciudad (contra los que Sócrates, por cierto, nunca había dicho nada), de corromper a los jóvenes y de querer introducir a un dios nuevo en Atenas. Esto último tiene gracia, porque ese supuesto «dios» era una especie de broma de Sócrates, que tenía un gran sentido del humor: él hablaba de que le acompañaba un **daimon**, es decir, una especie de diablillo que le aconsejaba antes de tomar una decisión. Pero ese diablejo nunca le decía lo que debía hacer sino sólo lo que **no** debía hacer... ¡Por supuesto, nunca se le ocurrió intentar «predicar» semejante dios a los otros ciudadanos! En cualquier caso, ahí tenemos a Sócrates ante el tribunal de Atenas y arriesgándose si le condenan a sufrir un grave castigo.

En su defensa, Sócrates pronunció un discurso magnífico: con sus palabras no quiso librarse de la posible condena sino explicar a los atenienses en qué había consistido su actividad todos esos años. No estaba arrepentido de nada, todo lo contrario: se sentía orgulloso de su eterna tarea de preguntón y discutidor. ¿Por qué? Sócrates lo resume muy bien en una sola frase de ese discurso memorable: «Una vida que no reflexiona ni se examina a sí misma no merece la pena vivirse». La principal tarea de la vida, según él, es preguntarse cómo vivir y qué hacer con nuestra vida. Desde luego, estas explicaciones irritaron aún más a sus acusadores y a muchos miem-

bros del tribunal que debía juzgarle. ¡Sócrates no sólo no reconocía su culpa, sino que decía tranquilamente que merecía un premio de los atenienses por haber sido para ellos como un tábano, que pica a la vaca hasta que logra despertarla y la pone en marcha! ¡Qué arrogancia! ¡Vaya frescura!

Finalmente, el tribunal acabó declarando a Sócrates culpable. Y le condenó a muerte. La sentencia, sin embargo, no debería cumplirse hasta que la nave que había zarpado hacia el santuario de Delos no volviese al puerto de Atenas. Durante varios días, los amigos y discípulos de Sócrates le visitaron en su mazmorra para intentar convencerle de que se escapase. Ya tenían sobornados a los guardias y la huída era cosa fácil. Pero Sócrates se negó: había vivido toda su vida bajo las leyes de Atenas y las respetaba tanto para lo bueno como para lo malo. Prefería morir de acuerdo con la legalidad que seguir viviendo a su edad de modo clandestino, huyendo y escondiéndose. Finalmente aparecieron, allá lejos en el horizonte, las velas de la nave fatal que regresaba. Así llegó el momento de la ejecución, que en Atenas se realizaba por medio de un potente veneno, la cicuta. Sócrates pasó sus últimas horas charlando como siempre con sus amigos, acerca de la muerte y de la posible inmortalidad del alma.

Estaba completamente tranquilo y casi parecía contento. Sus últimas palabras, cuando ya la cicuta le hacía su letal efecto, fueron: «Acordaos de que le debemos un gallo a Esculapio». Es una frase bastante enigmática. Esculapio era en Grecia el dios de la medicina y solía ser costumbre ofrecerle sacrificios de animales, por ejemplo gallos, cuando alguien se curaba de una grave enfermedad. Quizá Sócrates, con su peculiar sentido del humor, nos dejó como último mensaje que al morir se «curaba» de los sinsabores e injusticias de la vida, esa grave enfermedad...

Alba y Nemo se pasean entre las ruinas del ágora de Atenas. Arriba, contra el cielo de un azul mediterráneo, se recorta la perfecta silueta del Partenón. Y mientras, van charlando.

NEMO.—Pues yo te digo que sigo sin entenderlo.

ALBA.—Venga, ¿qué es lo que no entiendes?

NEMO.—Pues no comprendo por qué hacía Sócrates preguntas a cualquiera. Vamos a ver, ¿acaso no estaba convencido de que los demás sabían todavía menos que él?

ALBA.—Sí, pero... quizá quería **intrigarles.**

NEMO.—¿A qué te refieres?

ALBA.—Despertar su curiosidad, su asombro... hacerles sentir un poco incómodos con sus ideas de toda la vida. ¡Cuando uno se siente demasiado satisfecho con su forma de pensar vive ya medio dormido! Como un zombi...

NEMO.—Y lo que Sócrates pretendía con tanta pregunta era despertarles, ¿verdad? Creo que tienes razón. Pero debe resultar muy incómodo pasarse la vida dudando de lo que ya creía uno tener seguro. ¿Y si algunos considerasen más agradable y cómodo seguir «dormidos», como tú dices?

ALBA.—Por lo que nos acaban de contar, Sócrates no siempre tenía éxito con sus interrogatorios. ¡Hay quien no se despierta mentalmente ni a cañonazos! Y también los hay que se cabrean muchísimo con quien pretende despertarles. Acuérdate de la cicuta...

NEMO.—¡Claro, fueron los «dormidos» que se niegan a despertar quienes mataron a Sócrates! ¡Pobre hombre!

ALBA.—¿Por qué «pobre»? Yo creo que se lo pasó estupendamente, pensando en voz alta e intentando hacer pensar a los otros. Vivió como quiso vivir, aunque no fuera como vivían los demás.

NEMO.—¿Te lo imaginas...?

ALBA.—Me lo imagino riendo o por lo menos sonriendo. En cambio no puedo imaginarme a Sócrates llorando.

NEMO.—La verdad es que debió de ser un tío alucinante. Me hubiera gustado conocerle... ¡Jo, ahora ya no hay gente así!

ALBA.—¿Y por qué no va a haberla? Mira, si queremos, tú y yo podemos ser como él.

NEMO.—¿Haciendo preguntas y todo eso? Oye, no estaría nada mal. Pero no sé...

ALBA.—Bueno, gente dormida a nuestro alrededor no falta, ¿eh?

NEMO.—Lo malo es que creo que yo también estoy «dormido» muchas veces...

ALBA.—¡Toma, y yo! ¡Y Sócrates! Lo importante es darse cuenta y no quedarse roncando tan tranquilos.

NEMO.—Pero eso de las preguntas... Hacérselas uno mismo, bueno, pero preguntar a los demás, así, por las buenas... A muchos no va a gustarles, ya verás.

ALBA.—Seguro que a otros sí les gustará.

NEMO.—No tengo ganas de probar la cicuta...

ALBA.—¿Y qué prefieres? ¿Coca-Cola?

NEMO.—¡Cómo eres! Contigo no puede ni... ¡ni Sócrates!

CAPÍTULO *3*

Arriba
y abajo:
los dos herederos

Sócrates conversó durante años con sus conciudadanos atenienses, hizo mil preguntas, replicó ingeniosamente a sus interlocutores... pero nunca escribió nada. A lo largo de los siglos se han compuesto miles de libros sobre él, pero él no escribió ninguno, ni siquiera unas pocas páginas explicando su forma de pensar. ¿Cómo podemos saber entonces lo que realmente dijo?

La verdad es que no podemos estar seguros. Algunos de quienes le escucharon tomaron nota de sus palabras, así como de sus gestos y de su forma de comportarse: fueron ellos los primeros que escribieron sobre Sócrates y todos los que han venido luego se han basado en su testimonio. Lo mismo pasó también con otros importantes maestros en el campo de la

religión, como Buda o Jesucristo. Sus enseñanzas no nos han llegado directamente de su puño y letra sino a través de lo que sobre ellos cuentan varios de sus discípulos. Quizá no todos esos oyentes sean igualmente fiables, pero comparando lo que dicen unos y otros podemos hacernos una idea razonablemente aproximada de cómo fueron y qué enseñaron esos notables personajes.

En el caso de Sócrates, quien mejor escribió sobre él fue uno de sus seguidores más constantes, llamado Platón. En realidad su nombre era Aristoclés, pero todo el mundo le conocía por «Platón» porque era muy corpulento y ancho de espaldas. Se trataba de un joven de buena familia que conoció a Sócrates cuando tenía dieciocho o diecinueve años y quedó fascinado por él. Procuraba seguirle adonde fuese y no se perdía ni uno de sus improvisados debates con los ciudadanos atenienses. Después de la ejecución de Sócrates, Platón se propuso escribir cuanto recordaba de ese extraño maestro (¡un maestro que no quería ser maestro de nadie!) y reproducir lo mejor que pudiera el encanto y la inteligencia de su permanente interrogación en busca de la verdad. Sin duda su propósito era impedir que Sócrates cayera en el olvido y también demostrar lo muy injusta que fue la condena que padeció.

Pero ¿cómo guardar para la posteridad toda la gracia de aquellas conversaciones inolvidables a las que tantas veces había asistido? Porque no se trataba sólo de contar lo que

había dicho Sócrates, sino también lo que otros le respondían y cómo entonces replicaba él. Sócrates no predicaba sermones ni pronunciaba discursos, sino que discutía con los demás: es decir, **dialogaba.** Era ese intercambio de preguntas, respuestas, dudas y hallazgos lo que importaba, no las conclusiones finales... cuando las había, porque muchas veces el debate permanecía abierto, sin moraleja definitiva. Como buen ateniense, Platón era muy aficionado al teatro: ya hemos dicho lo importante que era ese espectáculo en aquella ciudad. De modo que tuvo la ocurrencia genial de contar sus recuerdos de Sócrates de una forma teatralizada: escribió unos diálogos entre diversos personajes —uno de los cuales es el propio Sócrates— que debaten, se contradicen o se ponen de acuerdo sobre las cuestiones más diversas. Así logra transmitir no sólo las opiniones de Sócrates y de sus interlocutores, sino también el ambiente de aquellas charlas, con toda su incomparable libertad y su frecuente humor. Cuando los leemos hoy, tantos siglos después, nos parece que volvemos a Atenas y allí conocemos personalmente a seres humanos como nosotros, con los aciertos, errores y pequeñas o grandes vanidades que todos tenemos.

El resultado es magnífico, pero... pero siempre hay algún «pero». Y es que Platón no sólo fue un oyente embobado de Sócrates, sino también una persona sumamente inteligente y por tanto deseosa de pensar por su propia cuenta, como precisamente Sócrates hubiera querido. Al principio,

Platón

en los primeros diálogos que escribió, se limitó a dar cuenta de diversas charlas socráticas y de los momentos más emocionantes en la vida de aquel personaje: su discurso ante el tribunal que le condenó, sus razones para rechazar la huida que le proponían algunos amigos, sus últimos momentos cuando bebió la cicuta mientras discutía serenamente con quienes le acompañaban en ese trance sobre la muerte cercana y la posible inmortalidad del alma... Sin embargo, en diálogos posteriores, Platón empezó a introducir cada vez más sus propias opiniones. Lo malo es que, como ante todo seguía considerándose discípulo de Sócrates, las puso también en boca de su maestro como si se las hubiera oído a él. A nosotros ahora ya no nos resulta fácil distinguir dentro de los escritos de Platón entre los que reproducen tal cual las palabras de Sócrates y los momentos en que se utiliza a Sócrates como portavoz del pensamiento platónico.

Aunque la primera inspiración para dedicarse a la filosofía le vino a Platón de Sócrates, sus estilos de filosofar son muy diferentes. Platón no iba ya por calles y plazas preguntando a la gente, como hacía Sócrates: la verdad es que ningún otro filósofo ha vuelto a comportarse así. Muchos aprendieron —¡aprendimos!— de Sócrates, pero nadie se ha atrevido a vivir luego tan libre y alegremente como él. A partir de Platón, los grandes pensadores se han convertido en maestros, en profesores, y el primero de estos maestros fue el propio Platón, que fundó en Atenas una especie de «colegio de filosofía» al que todos llamaron Academia (¿os suena el nombre?) porque estaba situado en unos jardines públicos dedicados a un antiguo héroe, Akademos. Allí Platón explicaba su forma de comprender el mundo ante un pequeño grupo de discípulos que le escuchaban atentamente y supongo que también le planteaban de vez en cuando dudas y objeciones. Porque en filosofía nadie tiene «la verdad, toda la verdad y nada más que la verdad», como dicen en los juicios (o por lo menos en las películas sobre juicios que yo he visto). Si no hay discusión e intercambio de puntos de vista, no puede hablarse de auténtico conocimiento filosófico.

A Platón, desde luego, le interesaba encontrar la verdad. Pero... ¿Qué es la verdad? Y la pregunta más difícil: ¿Cómo reconocerla cuando la tengamos delante? Constantemente oímos afirmaciones tajantes sobre todos los asuntos divinos y humanos: «El jamón es muy rico», «Los chinos son misteriosos», «París es la capital de Francia», «¡Cuidado con los tiburones!», «Las mujeres conducen peor que los hombres», «Todos los humanos somos mortales», etcétera. Unas sostienen esto y otras lo contrario, de modo que alguien debe equivocarse. Sin duda, algunas son verdaderas, pero otras serán simples prejuicios o supersticiones. ¿Cómo podemos distinguirlas? Platón dice que la mayoría no son más que **opiniones**, es decir, que sencillamente se limitan a repetir lo que la gente suele creer o que convierten en dogma lo que no es más que una circunstancia casual: por ejemplo, como yo no he visto más que cisnes blancos decido sin vacilar que todos los cisnes son necesariamente blancos. Y me equivoco, porque en Australia —donde nunca he estado— resulta que hay cisnes negros.

El auténtico conocimiento debe ir más allá de la opinión, es decir, tiene que tener un fundamento sólido que lo haga verdadero: no sólo verdadero para mí o para mis amigos, sino para todas las personas capaces de pensar y de utilizar bien su razón. Es eso lo que, según Platón, busca la filosofía: la **ciencia** de lo verdadero, que va más allá del barullo contradictorio de las opiniones. Pero ¿cómo puedo estar seguro de nada, si todo cambia a cada momento? Tengo una rosa en la mano: llena de color, fresca, olorosa... y dentro de un par de horas marchita y deshojada; ahora veo una jarra de agua, transparente y con la que puedo mojarme la cara: si desciende de la temperatura, se convertirá en sólido hielo, pero si hace demasiado calor se evaporará hacia las nubes; en cualquier caso dejará de ser como antes fue; vamos por la calle y me señalas un enorme dogo diciendo: «Mira, un perro», lo mismo que me acabas de decir cuando nos hemos cruzado con un minúsculo chihuahua y con un lanudo *collie* escocés... ¿en qué quedamos?, ¿todos son perros... a pesar de sus diferencias?, ¿y siguen siendo igual de perros cuando corren y cuando se tumban a dormir, cuando mueven la cola y cuando están muertos?, etcétera.

Según Platón, en este mundo material en que vivimos todas las cosas se transforman constantemente según la luz que las ilumina: la temperatura, los accidentes, los caprichos de las formas diversas y el tiempo que todo lo degrada finalmente. Si sólo nos fijamos en lo que podemos ver, oler, oír y tocar nunca podremos estar seguros de nada porque todo pasa, cambia, se mezcla y desaparece. Sin embargo, es posible llegar a conocimientos exactos y precisos: por ejemplo, en matemáticas y geometría. El centro de una circunferencia está siempre a igual distancia de todos los puntos de la misma, aunque esté dibujada en la pizarra, en la arena y tanto si es invierno como verano; dos y dos suman cuatro tanto si se trata de dos peras como de dos tigres, etcétera. Los números y las figuras geométricas no se desgastan con el tiempo ni se alteran por culpa de los elementos atmosféricos: sirven para comprender el mundo, pero no forman parte material del mundo. Platón concedía tanta importancia a esto que a la puerta de su Academia tenía escrita esta advertencia: «Que nadie entre aquí sin saber geometría». (¡Me temo que yo hubiera debido quedarme fuera!).

Y de modo semejante pensaba que más allá de las cosas materiales que conocemos por medio de los sentidos hay unas ideas que son la verdad inmutable y eterna de cada una de ellas: la idea de la Rosa nunca se marchita, la idea del Agua ni se congela ni se evapora, y la idea de Perro vale para cualquier tipo y forma de perro. Hay una idea que expresa la realidad duradera de las cosas entre las que vivimos, las que vemos cambiar y perecer sin cesar. Quienes intentan conocer a partir de la materia y de lo que nos dicen los sentidos no logran más que repetir meras opiniones, sin un fundamento seguro y que se contradicen unas a otras. Sólo los que son capaces de percibir las ideas eternas e inmutables —es decir, los filósofos— son para Platón capaces de una verdadera ciencia, es decir, de un conocimiento seguro tan riguroso e inatacable como las mismísimas matemáticas.

Para que se entendieran mejor sus enseñanzas, que no son nada fáciles, Platón recurría frecuentemente en sus diálogos a **mitos:** esos mitos no son de tipo religioso o tradicional, sino algo así como cuentos que sirven de ejemplo a lo que quiere decir. Se parecen a las parábolas que otro maestro, Jesucristo, solía utilizar para que la gente sencilla le comprendiera mejor. Sin duda, el mito más famoso de los narrados por Platón es el llamado «mito de la caverna», y tiene que ver con su teoría de las ideas. Podemos resumirlo así: imaginemos una oscura caverna en cuyo fondo, allá donde no alcanza la luz del Sol, están encadenados cara a la pared un puñado de prisioneros. No pueden ni siquiera volver la cabeza, sólo mirar al liso muro rocoso que tienen frente a ellos. Tras los prisioneros hay encendidas unas cuantas hogueras y varias personas van y vienen transportando cargas diversas: armas, jarrones, estatuas, ramas de árbol y hasta animales vivos. Las sombras de esos transeúntes se dibujan en la roca del fondo, al modo de sombras chinescas (¿habéis visto cómo la sombra de una mano en la pared puede parecer un perro que abre y cierra la boca o un pájaro?), y los pobres prisioneros, que nunca han salido de la caverna ni visto otro paisaje, están convencidos de que son seres reales, no meros reflejos. Pero he aquí que un prisionero logra romper sus cadenas, escapa de la caverna y sale a la luz del exterior: allí está la auténtica realidad, los pájaros y los leones, el mar, los árboles... el mismísimo Sol que brilla en el cielo. Regresa al interior para comunicar la verdad a sus compañeros, que siguen encadenados, pero nadie le hace caso y todos se burlan de él, creyendo que la libertad le ha enloquecido. Para quien vive atado a las sombras sólo las sombras son reales...

Según Platón, la tarea del filósofo es intentar que los hombres rompan las cadenas que les atan a la realidad material del mundo y sean capaces de ver las ideas eternas, de las que las cosas transitorias que nos rodean son meros reflejos perecederos. No es un oficio fácil el de filósofo, porque la gente común tiene más aprecio por sus cadenas sensoriales que por la verdad e incluso pueden rebelarse contra quien quiere abrirles los ojos: ¡recordemos lo que le ocurrió a Sócrates!

Pero no creáis que Platón vivía sólo entre nubes ideales, todo lo contrario: a diferencia de Sócrates, estaba profundamente preocupado por la política y deseaba cambios profundos en la vida de la ciudad. Creía que la filosofía debería servir sobre todo para encontrar el bien —la idea principal de todas, el sol del firmamento de las ideas— a través del conocimiento de la verdad. Y el bien debe realizarse efectivamente en la sociedad que los hombres comparten: ¿dónde si no? Desde luego no tenía mucha simpatía por la democracia, al menos por el modelo democrático ateniense. Sin duda todos los seres humanos (incluidas las mujeres; en ese punto Platón era menos misógino que otros griegos) son iguales en lo básico, su humanidad misma, pero difieren en cualidades y aptitudes. Por ejemplo, no todos somos igualmente capaces de pelear en una batalla o de tomar decisiones acertadas de gobierno, como establecían las normas democráticas vigentes. Según Platón, la sociedad se parece bastante a un ser humano: cada uno de nosotros tiene en su alma o espíritu capacidad de razonar, así como impulsos pasionales de coraje y valentía, junto a otros de cálculo propios para el comercio y la producción

de bienes. En cada persona están desarrolladas unas capacidades más que otras. De modo que la sociedad más justa
—es decir, más cercana a lograr el bien común— será aquella
en que dirijan los que tengan mayor capacidad racional,
se ocupen de la defensa y del mantenimiento del orden los más valientes y lleven los negocios los que
tengan mejores apetitos comerciales: o sea, los
filósofos, los guardianes y los artesanos y comerciantes. En la república ideal de Platón
todo debería estar supeditado al bien de la comunidad, incluso la literatura y la música.

Como otras «utopías», es decir, descripciones
de un orden supuestamente perfecto que no existe en
ninguna parte ni es probable que llegue a existir jamás,
la de Platón resulta algo agobiante: más adelante tendremos ocasión de volver sobre este asunto. En cualquier caso, Platón se tomó muy en serio que los filósofos
deberían influir en el buen gobierno. Uno de sus discípulos en la Academia era Dionisio, hijo del tirano del mismo
nombre que reinaba en Siracusa y su heredero. Cuando el
viejo Dionisio murió, su hijo invitó a Platón a su reino recién estrenado para que fuese su consejero. Aunque en aquellos tiempos la travesía por mar entre Grecia y Sicilia (que es
donde está Siracusa) era cualquier cosa menos un viaje de
placer, Platón se embarcó animosamente, convencido de que
había llegado la oportunidad de poner en práctica sus teorías políticas. Pero al poco tiempo de empezar a desempeñar
sus funciones comprendió que Dionisio tenía poco de filósofo
—a pesar de haber sido su discípulo— y en cambio mucho
de tirano: no le gustaba que nadie le llevara la contraria ni
le aconsejara nada que no coincidiera con sus caprichos. El

pobre Platón tuvo que volverse apresuradamente a casa, antes de que Dionisio hiciera con él algo aún peor que darle a beber cicuta.

En la Academia estudiaba también un jovencito que entró en ella con sólo diecisiete años y permaneció hasta la muerte de Platón. Se llamaba Aristóteles y quizá haya sido uno de los mayores sabios que han pisado este mundo. Después de perder a su maestro fundó su propio centro de estudios, llamado Liceo (también el nombre se ha hecho famoso, como sabéis). Pero en él Aristóteles no sólo enseñaba filosofía. Por supuesto, se interesaba por la cuestión de cómo vivir bien y también por los asuntos políticos, como Sócrates y Platón, pero a diferencia de ellos sentía además otras muchas inquietudes intelectuales. Para Aristóteles, el afán de conocimiento empieza por el asombro que sentimos ante todo lo que nos rodea y por la curiosidad que quiere explicar cómo funcionan las cosas. Pero no eran los asuntos humanos, sino la naturaleza su mayor motivo de asombro: de modo que se dedicó a estudiar medicina, zoología, botánica, astronomía, física y no sé cuántas cosas más. Los seres materiales entre los que vivimos no le parecían un simple decorado para nuestras aventuras humanas ni el reflejo degradado de alguna realidad superior, sino misterios apasionantes cuya condición y funcionamiento quería a toda costa conocer. Como científico, en el sentido moderno del término, fue un observador excelente: baste decir que aseguró que las ballenas no eran peces, sino mamíferos, lo que tardó más de veintitrés siglos en ser aceptado como verdad por la biología europea.

En el campo de la filosofía propiamente dicha, a Aristóteles se le planteó un grave dilema. Por un lado, se consideraba no sólo discípulo, sino también amigo de Platón, al que respetaba muchísimo; por otro, estaba convencido de que la teoría de las ideas de su maestro era falsa. ¿Qué hacer, criticar a Platón o renunciar a sus propias convicciones? Finalmente, Aristóteles zanjó el asunto así: «Soy amigo de Platón, claro, pero aún soy más amigo de la verdad». Aristóteles no

Aristóteles

creía que la esencia de cada cosa fuese una idea eterna que flotaba por el cielo o no se sabe dónde. Opinaba en cambio que si había una idea estaba en la realidad presente de la cosa misma y era allí donde podíamos estudiarla y comprenderla. Todo lo que existe, dice Aristóteles, está compuesto de materia y forma: la materia es algo así como el soporte opaco y maleable que la forma convierte en algo distinto a lo demás. Del mismo modo, en un jarrón de cerámica, la arcilla es la materia que el alfarero modela hasta que le da la forma que definitivamente le corresponde. Además, cada cosa tiene posibilidades de llegar a ser otras: así, por ejemplo, lo que ahora es actualmente agua puede convertirse en hielo o en vapor. De modo que hay un permanente dinamismo que transforma y moldea sin cesar la realidad.

Esta indagación del ser de cada cosa —porque antes de ser esto o aquello todas las cosas **son**, existen, están en el mundo... sean lo que sean— recibió por parte de Aristóteles el nombre de filosofía primera o fundamental. Pero como los libros en que habla de estas cuestiones fueron clasificados tras su muerte por sus discípulos después de aquellos en que habla de la física, a partir de entonces se llama «metafísica». Literalmente, lo que viene después de la física, pero, en el fondo, lo que se ocupa de cómo es lo que es, de la última esencia o realidad de todo lo que hay. Como veremos, gran parte de los filósofos de los siglos posteriores se han dedicado ante todo a cuestiones metafísicas, que son las más complejas y abstractas de todas.

Pero hay también otros dos campos muy importantes de la filosofía que fueron inaugurados por Aristóteles: la lógica y la ética. La lógica (cuyo nombre viene de la palabra **logos**, que significa 'razón' o 'pensamiento') se ocupa de cuáles son los mecanismos que nos hacen razonar de modo conveniente. En efecto, no basta con observar lo que nos rodea para llegar a saber algo, también es preciso sacar las conclusiones de lo que observamos de modo correcto. Y por supuesto, cuando discutimos de algún asunto la razón no la tiene quien más grita sino el que es capaz de enlazar sus argumentos de modo adecuado. Aristóteles suponía que la mayor parte de nuestros razonamientos son en forma de silogismos, es decir, dos premisas de cuya combinación obtenemos una conclusión. Por

ejemplo: todos los humanos son racionales, Alba es humana, por tanto Alba es racional. O Nemo, si prefieres.

Es importante señalar que la lógica no se ocupa de si las premisas son verdaderas o falsas, sólo de que la conclusión derive correctamente de ellas. Por ejemplo, de las premisas «algunos gorriones tienen cuatro patas» y «todos los gorriones son aves» puede deducirse correctamente que «algunas aves tienen cuatro patas». Es una conclusión zoológicamente falsa porque parte de un hecho falso, pero lógicamente es verdadera. En cambio, de dos premisas verdaderas como «todos los gorriones son aves» y «todos los avestruces son aves» no puede deducirse lógicamente que «algunos gorriones son avestruces». De modo que el conocimiento auténtico necesita premisas verdaderas y conclusiones lógicamente correctas. En cualquier caso, un buen aprendizaje de los mecanismos de la lógica es imprescindible para no dejarnos embaucar por quienes parece que razonan y en realidad sólo proclaman «falacias», es decir, silogismos falsos.

También fue Aristóteles el inventor de la ética, que es el nombre técnico que él dio a la reflexión sobre la antigua pregunta de cómo vivir que ya había ocupado también a Sócrates y a Platón. Aristóteles parte de que los humanos somos seres activos, es decir, que tenemos que elegir lo que queremos ha-

cer con nuestra vida (a diferencia de los animales, que están «programados» por la naturaleza para comportarse de tal o cuál modo). El ser humano actúa de acuerdo con motivos que explican por qué preferimos hacer una cosa u otra. Si te preguntan: «¿Por qué te pones a estudiar tus lecciones en lugar de jugar con la PlayStation?», responderás: «Porque quiero aprobar las asignaturas del curso». Y si el preguntón insiste:

«¿Por qué quieres aprobar el curso?», le puedes contestar: «Porque tener el bachillerato me dará más oportunidades en la vida». Pueden volver a preguntarte para qué quieres tales oportunidades, tú les contestarás lo que te parezca oportuno... hasta que finalmente llegues a la última respuesta: «Todo lo hago porque quiero ser feliz». Y si alguien es tan tonto o malicioso como para preguntarte por qué quieres ser feliz le dirás que ser feliz no es un instrumento para otra cosa, que nadie quiere ser feliz «para» algo, sino que la felicidad es el último fin de nuestras acciones en la vida. Aristóteles te hubiera dado la razón.

¿Qué debemos hacer para ser felices? Ante todo, dice Aristóteles, deliberar sobre lo que más nos conviene en cada caso. Somos seres racionales y, por lo tanto, cuanto más dirigida por la razón sea nuestra conducta, más probabilidades hay de que nos acerque a la felicidad. Pero como gran parte de nuestras acciones son urgentes o rutinarias y nos dan poco tiempo para muchas reflexiones, lo mejor es adquirir la costumbre de actuar como es debido: así elegiremos el mejor comportamiento por hábito y casi automáticamente. A la costumbre de obrar como es debido la llama Aristóteles «virtud», como el viejo Sócrates. Y la virtud se encuentra en la acción prudente, equilibrada, que evita la desesperación fatal de los extremos: por ejemplo, ante un peligro, son exageraciones indeseables la cobardía que huye indignamente, pero también la temeridad ciega que nos expone a la destrucción como si fuésemos invulnerables. La virtud es el coraje, que afronta con firmeza pero sin bravuconería el riesgo necesario.

En el terreno social, la virtud más importante es la justicia, que consiste en dar a cada cual lo que le corresponde y en esperar de cada uno lo que es debido. De todas formas, siempre obramos en la incertidumbre, aunque debamos intentar en cada caso lo mejor: para Aristóteles, la felicidad es un ideal pero en modo alguno una certeza, porque en la vida de cada uno de nosotros influyen muchas circunstancias que no dependen de nuestra voluntad, y hasta el momento de la muerte nadie puede decir realmente si ha sido feliz o no. Uno de los rasgos más hermosos de la ética de Aristóteles es la importancia que da a la amistad: incluso dice que, sin amigos, nadie quisiera verse obligado a vivir.

Platón y Aristóteles, los dos grandes seguidores de Sócrates, son sin duda los dos filósofos más influyentes de la historia. Platón apunta hacia lo más alto, el ideal, lo espiritual y hasta lo divino: lo eterno; Aristóteles se centra en lo que nos rodea, la naturaleza incluso en sus aspectos más humildes y

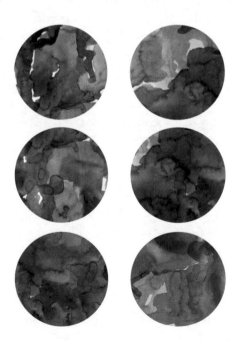

materiales, la observación de cuanto vive, ocurre y funciona: todo lo que aparece y desaparece pero mientras dura es real. Muchos dicen que a partir de ellos todos los filósofos posteriores son o platónicos o aristotélicos... aunque me parece que también abundan los que toman elementos de uno y de otro para combinarlos según su estilo. Ya lo veremos.

⇥ ⇥ ⇥

ALBA.—Bueno, esto se va complicando cada vez más. ¡Empiezo a echar de menos a Sócrates...!

NEMO.—Pues yo creí que Platón iba a convertirse en tu preferido...

ALBA.—A ver, dime de dónde te sacas eso.

NEMO.—Mujer, no sé, como eres así... un poco idealista.

ALBA.—Y supongo que tú estás convencido de que eres aristotélico a más no poder.

NEMO.—Soy muy realista, para que lo sepas.

ALBA.—Si no llegas a decírmelo, nunca me hubiera dado cuenta.

NEMO.—A mí eso de las ideas, separadas de las cosas, volando de aquí para allá... nada, que no me convence. Porque, vamos a ver: ¿dónde están las ideas?

ALBA.—Pues no tengo ni idea... y perdona el chiste. Aunque supongo que las ideas están allí donde estén los números.

NEMO.—¿Qué números?

ALBA.—Pues todos, el cinco, el nueve, el mil trescientos veinticinco... y luego las figuras geométricas como el triángulo isósceles, que tiene un nombre precioso, y el rectángulo y el dodecaedro y...

NEMO.—¡No es lo mismo!

ALBA.—¿Cómo que no? ¿Acaso no están los números separados de las cosas? Yo he visto cuatro mesas y tres ventanas, pero nunca el cuatro, ni el tres... ni mucho menos el cuatro por tres, doce. Y lo mismo me pasa con las plazas de toros, que son redondas pero no son **la** circunferencia. También sé lo que es andar en línea recta, aunque nunca he visto **la** línea recta...

NEMO.—Pues los números y los triángulos y... en fin, están en nuestras cabezas.

ALBA.—Vaya. Y, ¿qué hacen allí?

NEMO.—Pues nos sirven para contar y calcular.

ALBA.—Y las ideas nos sirven para pensar las cosas, de modo que supongo que también estarán en eso que tú llamas «la cabeza». O sea, debajo del flequillo, ¿no?

NEMO.—Ja, ja, me muero de risa. En fin, dime si eres platónica o no.

ALBA.—¿Me queda otro remedio? A mí me gusta pensar, le estoy cogiendo afición con esto de la filosofía... Pero Aristóteles también tiene su punto.

NEMO.—Para mí, punto y aparte.

ALBA.—Bobo. ¿Sabes por qué me gusta Aristóteles? Porque es el primero en esta historia al que oigo hablar de la felicidad.

NEMO.—Y, claro, a ti la felicidad te pone...

ALBA.—Pues sí, me pone muchísimo.

NEMO.—Pero fíjate que, según él, nunca está asegurada, por muy buena y moral que seas...

ALBA.—Eso es lo que más me gusta de todo. Nada de prometer la luna para que piques y te portes bien. Sólo dice que si haces barbaridades lo más probable es que te vaya aún peor.

O sea, antes de actuar piensa qué es lo que más te conviene y luego... ¡adelante! Confía en que todo saldrá bien, y si no, al menos te queda el consuelo de que no habrá sido culpa tuya.

NEMO.—¡Jo, son alucinantes estos griegos!

ALBA.—Y ya has oído la importancia que le daba a la amistad. Porque aunque todo vaya chungo, pero muy chungo, siempre quedan los amigos de verdad, ¿no?

NEMO.—Y tanto... Como tú y como yo. Porque somos amigos, ¿verdad?

ALBA.—Amigos para siempre.

NEMO.—Entonces, ¿qué somos?, ¿platónicos o aristotélicos?

ALBA.—¡Y yo qué sé! ¿No basta para empezar con ser amigos?

Capítulo 4

El cuidado de uno mismo

A diferencia de Sócrates y Platón, Aristóteles no era ateniense: había nacido en Estagira, una pequeña población situada mucho más al norte, hacia la región de Macedonia. Aunque se trasladó muy joven a Atenas y allí estudió con Platón y luego se convirtió también allí en maestro, siempre fue un **meteco** (así llamaban los atenienses a los forasteros que vivían en su ciudad). Cuando ya era un sabio célebre, fue llamado a la corte de Macedonia como profesor particular del hijo del rey Filipo. Ese alumno principesco era un muchacho de trece años que luego dio mucho, pero mucho que hablar en todo el mundo antiguo y hasta sigue siendo famoso hoy, tantos siglos después: se llamaba Alejandro y sus contemporáneos le apellidaron Magno, es decir, el Grande.

En los poco más de treinta años que vivió, Alejandro conquistó todo el mundo que se conocía en aquella época, empezando por Grecia, Egipto y llegando a través de Persia hasta la India. Sin duda era alguien de una determinación y un coraje ambicioso fuera de lo común. Baste una anécdota para describirlo: cuando tenía dieciséis años, su padre el rey Filipo le ofreció un caballo espléndido pero muy rebelde, llamado *Bucéfalo*. Le dijo que si lograba domarlo, sería suyo. El jovencísimo Alejandro tanteó al corcel, encabritado y lleno de feroz espuma, hasta conseguir que se pusiera de tal modo

que el sol le diera en los ojos. Cegado, *Bucéfalo* se amansó y dejó que el adolescente victorioso le montase. Así venció también el gran Alejandro a los ejércitos de tantos países: los cegó enfrentándolos al fulgor de un sol glorioso que era él mismo.

Sin embargo, como la mayoría de los grandes conquistadores, Alejandro destruyó mucho y construyó poco. Atenas y otras ciudades griegas fueron algunas de sus principales víctimas. La democracia, ese gran invento de los griegos que aún seguimos defendiendo hoy como la forma más verdaderamente **humana** de gobierno, quedó muy dañada por las ambiciones imperiales de Alejandro, poco o nada inclinado a compartir el poder con otros. El resultado de sus conquistas fue una serie de ciudades sumidas en desórdenes y luchas intestinas, en las que los ciudadanos se fueron desinteresando cada vez más de las cuestiones políticas. Cada cual se descubrió como simple individuo, cuyas opiniones sobre el gobierno de la comunidad no tenían ninguna importancia ante la fuerza bruta de los ejércitos y las intrigas de quienes los dirigían o se beneficiaban con su apoyo. De modo que muchos decidieron que lo mejor era dedicarse a cuidarse a sí mismos y desentenderse de una vida colectiva en la que ya no tenían ni voz ni voto realmente eficaces.

El problema es que todos los humanos —antes y ahora— necesitamos algunas normas dignas de respeto para organizar nuestro comportamiento. Puedo hacer lo que quiera, más o menos, pero necesito saber por qué quiero hacer esto mejor que aquello otro. Elijo hacer esto porque supongo que me conviene, pero... ¿por qué me conviene? A quienes estaban empeñados en que se escapara de la cárcel y salvase su vida, Sócrates les respondió que eso no era conveniente para él y que prefería quedarse. Sócrates se consideraba ante todo un ciudadano ateniense y durante toda su vida había vivido respetando las leyes de su ciudad: no pensaba cambiar en su vejez, porque si lo hiciera ya no sabría cómo justificar su conducta. Para un buen ciudadano demócrata, cumplir las leyes de la ciudad que gobierna junto a sus iguales es lo más conveniente, aunque de vez en cuando le parezca que esas leyes no son justas o que se aplican equivocadamente. La ley puede equivocarse a veces, pero quien no la cumple se equivoca siempre, porque renuncia a su ciudadanía.

Pero ¿qué pasa cuando la democracia desaparece y cuando ser «ciudadano» no significa nada más que vivir sometido a un poderoso Dueño o a sus intrigantes servidores? Pues entonces, muchos de los que antes fueron buenos ciudadanos deciden que ya no vale la pena intentar seguir siéndolo. Y si alguien ya no cree en la política ni en los valores de la sociedad en que vive, no le queda más remedio que buscar en otra parte las normas para saber cómo comportarse. Cuando las leyes que los hombres nos damos a nosotros mismos dejan de servirnos, hay que buscar otras leyes más fiables. ¿Dónde? Pues fuera de la sociedad, fuera de la política... por ejemplo, en la naturaleza.

No creáis que aquellos sabios decepcionados por la vida social y sus convenciones renunciaron a la virtud: todo lo contrario, estaban convencidos de que es la virtud la que hace felices a los hombres y querían ser más virtuosos que nadie... pero consideraban que la virtud era portarse como manda la naturaleza, no como manda la sociedad. Uno de los primeros en seguir ese camino fue Diógenes, al que llamaron el Cínico, es decir, el can o el perro. Y es que efectivamente Diógenes se empeñaba en vivir en todo como un animal... salvo porque hablaba y no dejaba de criticar a los que vivían de otro modo, cosa que los animales nunca hacen. No respetaba

ninguna de las convenciones sociales: se burlaba de la
autoridad, no quería tener dinero ni grandes propiedades, comía cualquier cosa que le daban o que se en-
contraba entre los desperdicios y en el campo, bebía
agua del río, se vestía con harapos que cosía él mismo
y no le importaba cagar o mear a la vista de todos,
como hacen los perros. Se burlaba constantemente de
los ricos, de quienes viven en casas suntuosas o se es-
fuerzan por poseer objetos preciosos, y se contentaba
con refugiarse en una gran tinaja abandonada para
dormir. Decía a quien quisiera oírle —y sobre todo a
quienes no querían, que eran la mayoría— que basta
con satisfacer las necesidades naturales para ser virtuoso y por tanto feliz: la sociedad no hace más que
crearnos falsas necesidades que nos hacen vivir ago-
biados y sufriendo por no conseguir lo que vemos lograr a otros.

Con ese comportamiento, Diógenes se hizo un
tipo bastante famoso que despertaba la curiosidad
de la gente. Algunos decían que era una especie de
Sócrates, pero un Sócrates que se hubiera vuelto
loco. Cierto día llegó a la ciudad en que Diógenes vivía nada menos que el gran Alejandro, de camino a
sus conquistas. Y como le habían hablado mucho del
pintoresco personaje, quiso conocerle. Le indicaron
dónde estaba el barril o tinaja en que solía guarecer-
se y allí se fue Alejandro. En efecto, Diógenes estaba
dentro. El conquistador le llamó y le dijo que era Alejandro: «Puedo concederte lo que me pidas, de modo
que dime qué es lo que quieres». Sin moverse de su
guarida, Diógenes sólo le contestó con un bufido y

una risotada. Alejandro insistió en su oferta y por fin el cínico contestó: «Bueno, mira, ya que insistes... Sí, hay algo que puedes hacer por mí. Haz el favor de apartarte un poco, porque me estás quitando el sol que yo estaba tomando tan ricamente cuando llegaste». Alejandro se fue, mitad enfadado y mitad lleno de admiración por aquel perro sabio. Diógenes se quedó tan contento de que el conquistador del mundo no hubiera podido conquistarle a él.

No todos los filósofos que se centraron en el cuidado de sí mismos fueron tan extravagantes ni agresivos como Diógenes y otros cínicos. Los llamados estoicos (se reunían en la Stoa, una plaza ateniense), cuyo líder intelectual fue Zenon, coincidían con los cínicos en considerar la virtud como lo único realmente importante de la vida humana. Pero no despreciaban el estudio ni la ciencia —de la que se reía Diógenes— como algo innecesario: al contrario, estaban convencidos de que la virtud es cuestión de conocimiento (en eso se parecían más a Sócrates). Por supuesto, la virtud consiste en comportarnos de acuerdo con lo que manda la naturaleza, pero para saber qué nos manda hay que estudiarla: porque no tiene las mismas órdenes para un animal cualquiera, por ejemplo un perro, y para un hombre capaz de razonar. Según Zenon, llamamos «naturaleza» a lo que otros llaman «Dios», es decir, al orden riguroso de acuerdo con el cual funciona todo lo que existe y del cual formamos parte los hombres, sin más ni menos privilegios que cualquier otro ser. De modo que la ciencia estoica tenía tres campos de trabajo: por un lado se ocupaba de la naturaleza material en general, lo que ellos llamaban «física»; después se centraba en el estudio de lo humano, que es lo que más nos interesa ya que no somos

Diógenes ▸

piedras o animales, y pretendía conocer cómo pensamos (era la «lógica») y cómo debemos comportarnos: la «ética». De la combinación de esos saberes dependerá que aprendamos a vivir bien, que es de lo que se trata.

Vivir bien es cumplir nuestro deber de hombres de acuerdo con nuestra naturaleza, y que es distinto por tanto al «deber» de los tigres o las acacias. A ese deber es a lo que los estoicos llaman virtud. En la vida padecemos muchas cosas que no dependen de nuestra voluntad: ser guapo, que me toque la lotería, vivir sano hasta los cien años, que mi familia no sufra desgracias o que mi país no padezca una tiranía o una plaga... son circunstancias que ocurren quiera yo o no; en cambio, decir la verdad, cumplir mis promesas, tratar a los demás con bondad y cortesía o no traicionar a quienes confían en mí son asuntos sobre los que yo puedo decidir. De modo que la virtud —y por tanto la felici- dad— tiene que tratar de aquello que está en mi mano y depende de mí, no de lo que me trae el azar o las decisiones de otros. La mayoría de la gente es des- dichada porque se empeña en que su felicidad sea cosa de la fortu- na o el azar (naturalmente, piensa Zenon, todos pre- ferimos que nos pasen

cosas buenas, pero eso no puede ser nunca lo imprescindible) en lugar de considerar como lo único relevante la acción recta y virtuosa en la que sí mando yo.

Pero hay un punto muy importante en el que coinciden los cínicos, los estoicos... ¡y hasta Alejandro Magno! Antes, cuando a un griego le preguntaban quién era, lo primero que contestaba es: «Soy ciudadano de Atenas, o de Esparta, o soy súbdito del rey de Macedonia...», algo parecido a cuando nosotros decimos «soy español» o «soy francés» para definirnos ante los demás. Pero cuando a Diógenes le hacían esa pregunta respondía algo insólito: «Soy ciudadano del mundo,

o sea, **cosmopolita»**. Lo mismo hubiera respondido luego cualquier estoico. Igual que nosotros vivimos en nuestra casa, con nuestras propias costumbres y manías, pero consideramos que nuestro hogar más amplio es la ciudad y el país en que está esa casa, también los cínicos y los estoicos pensaban que las ciudades o reinos eran como «casas» dentro del gran país común a todos que es nuestro mundo. Y el célebre Alejandro, a su modo guerrero y conquistador, también pensaba algo semejante: por eso abandonó su país y fue de un lugar a otro haciéndose dueño de todas las tierras... ¡como Pedro por su casa! A fin de cuentas, Diógenes y Alejandro tenían más en común de lo que el orgullo de cada uno de ellos les permitía admitir.

En las sociedades organizadas hay siempre leyes, costumbres, etcétera, que sirven como pautas para orientar la conducta de las personas. Pero la naturaleza, ¿cómo se las arregla para indicar a los seres vivos lo que les conviene o les perjudica? Parece evidente que tiene dos mecanismos muy eficaces: el placer y el dolor. El hambre, por ejemplo, es una forma de dolor y señala que necesitamos comer, lo mismo que la sed indica la necesidad de beber también dolorosamente; lo mismo ocurre con el excesivo frío o el demasiado calor, que nos obligan a buscar refugio. Por el contrario, cuando hemos comido y bebido convenientemente o estamos a una temperatura adecuada, sentimos una sensación placentera. Es como si, por medio de ese placer, la naturaleza nos dijera: «Te has portado bien, así me gusta».

De modo que quien pretenda vivir de acuerdo con la naturaleza ya tiene un criterio de felicidad para orientar sus acciones: el placer. Éste fue precisamente el lema que presidió la filosofía de Epicuro. Como otros filósofos de esta época, Epicuro no entendía su tarea como una búsqueda de grandes conocimientos sobre el mundo o como un recetario para alcanzar la mejor sociedad posible, sino que sólo le interesaba lograr estar sereno y contento utilizando para ello la inteligencia. Es decir, según él debemos aprender a no estropear nuestra vida y a pasarla disfrutando del mejor modo posible. Para esta búsqueda, la filosofía es imprescindible: en una carta a uno de sus amigos le asegura que «nunca se es demasiado joven para empezar a filosofar ni demasiado viejo para seguir filosofando». Y es que la vida no espera y hay que vivirla bien hasta el final.

Pero vamos a ver: ¿qué es lo que estropea la vida de los humanos? Lo primero es dejar a un lado las quejas contra las enfermedades, terremotos, tempestades, envejecimiento y otras incomodidades que provienen de la naturaleza: somos seres naturales y estamos sometidos a los mecanismos de todo lo natural, de modo que pasarnos la vida protestando contra la naturaleza es como protestar contra nosotros mismos. Si aceptamos los aspectos agradables de la vida que nos proporciona la naturaleza también tendremos que asumir sus fastidios y tribulaciones, porque ésas son las reglas del juego para lo bueno y para lo peor. Pero no es la naturaleza quien convierte nuestra vida en un tormento, sino nosotros mismos. Antes de dedicarnos a la filosofía, somos especialistas en sabotear nuestra alegría de vivir por medio de dos instrumentos alucinantes de tortura: el miedo y la insatisfacción. No podemos remediar los llamados «males» de la naturaleza, pero en cambio sí podemos luchar contra estos males verdaderos que brotan de supersticiones y fantasmas que se apoderan de nuestra inteligencia.

Para empezar, el miedo. ¿A qué tenemos miedo? Desde luego, a la muerte. Y también a los dioses, que a lo mejor nos esperan al otro lado de la muerte para castigar a nuestra pobre alma por no haberles obedecido bien. Epicuro sostenía una doctrina materialista: todo en este mundo, incluidos por supuesto nosotros mismos y nuestra alma, está formado por partículas materiales, los átomos (la palabra significa: 'lo más simple y pequeño de todo, lo que ya no puede dividirse más'). Los átomos caen eternamente en el vacío y

de vez en cuando tropiezan unos con otros, se enganchan y forman cosas: árboles, estrellas, cuerpos humanos, almas, lo que sea... Luego vuelven a separarse y siguen cayendo, hasta combinarse en nuevas mezclas. Cuando los átomos de nuestro cuerpo y los más finos o sutiles de nuestra alma se unen, comenzamos a vivir; cuando se separan por el mismo azar que los reunió, morimos. Mientras vivimos, sentimos y padecemos; después, al disgregarnos y morir, ya no sentimos nada. ¿Es esto algo terrible? Lo que en realidad nos asusta

es «sentir» la muerte, padecer el momento de la disgregación. Pero, advierte Epicuro, mientras estamos vivos, no hay muerte: y cuando la muerte llega, ya no estamos nosotros para sufrirla. El encuentro tan temido es imposible. Woody Allen, un humorista que tiene también bastante de filósofo, dijo una vez: «A mí no me asusta la muerte, pero no quisiera estar presente cuando llegase». Epicuro le hubiera tranquilizado a ese respecto... Y si nos preocupa dónde «estaremos» cuando hayamos muerto, dentro de mil años, por ejemplo, ¿por qué no nos preocupa dónde estábamos antes de nacer, o sea, quizá hace mil años?

Otro motivo de miedo con el que los humanos se amargan la vida son los dioses o Dios: ¿hay Alguien sobrenatural que juzga nuestras acciones y puede castigarlas o premiarlas en el más allá?, ¿y si después de la muerte nos esperan torturas y sufrimientos por las culpas que hemos cometido en este mundo? Según Epicuro, puede que los dioses existan, puesto que tanto se habla de ellos: en tal caso, desde luego, también estarían hechos de átomos materiales como todo lo demás, aunque fuesen más finos y exquisitos que los nuestros. Pero le parece evidente que los dioses o Dios no se ocupan para nada de lo que pasa en el mundo. ¿La prueba?: la presencia de tantos males (crímenes, catástrofes, dolores, etcétera) como vemos a nuestro alrededor. Supongamos que un Dios se interesa realmente por lo que está mal entre los humanos: si es omnipotente y no lo remedia, será que no se entera de lo que ocurre, o sea que es un Dios ignorante o distraído; y si conoce los males pero no puede prevenirlos ni arreglarlos, será que no es omnipotente; peor todavía, si es omnipotente y sabe lo malo de nuestra suerte pero no la remedia, habrá que pensar que es perverso y enemigo de los humanos. Como no parece razonable imaginar dioses poco poderosos, ignorantes o malvados, lo más lógico es suponer que no se preocupan de los humanos ni para bien ni para mal, ni en esta vida ni en ninguna otra, y prefieren dedicarse a sus propios asuntos, que vaya usted a saber cuáles son. De modo que no tiene sentido que vivamos preocupados por sus juicios ni castigos.

Además de esos temores infundados, los humanos solemos amargarnos la vida con una perpetua insatisfacción. No somos capaces de gozar de los placeres, que constituyen la verdadera recompensa de quien sabe vivir humanamente como es debido. Sin embargo, a fin de cuentas, los placeres son muy fáciles de conseguir en la mayoría de los casos: basta con satisfacer adecuadamente nuestras necesidades naturales. ¿Hay placer mayor que beber un vaso de agua fresca cuando uno tiene mucha sed?, ¿o comer algo nutritivo y sano cuanto tenemos hambre? Es la propia naturaleza la que nos señala con sus apremios lo que debemos hacer para conseguir placer, es decir, alivio de nuestras necesidades. Pero nosotros lo estropeamos todo, inventando complicaciones y añadiendo exigencias a lo que es sencillo. Ya no nos basta con beber agua cuando tenemos sed: consideramos imprescindible beberla de una determinada fuente o en una copa de oro; comer algo sustancioso no es suficiente: exigimos que sea algo original, nunca visto, servido en el restaurante más caro de la ciudad. Descansar cuando tenemos sueño es poca cosa para nosotros si no podemos dormir en un palacio; y no nos conformamos con una ropa que nos quite el frío, porque queremos a toda costa que sea de tal o cuál marca famosa y además queremos cambiar de atuendo cada día del año.

Tanto capricho hace que nunca disfrutemos de verdad de placer alguno: para sentirnos contentos tenemos que trabajar muchísimo, competir con los demás (¿de qué me sirve pasarlo bien yo si no veo a otro envidiarme?) y poner cada vez más difícil el gozo. Resultado: mucho esfuerzo y poca satisfacción. El placer se convierte en una carrera de obstáculos y así, claro, no hay manera de darse gusto. Siempre nos parece que nos falta algo, porque cuando tenemos ya todo lo necesario nos seguimos inventando más y más tonterías «imprescindibles».

Pero no todos los placeres se refieren a comer, beber y estar calentitos cuando hace frío: formamos parte de la na-

turaleza como los demás seres vivos, pero no somos animales. Hay placeres naturalmente humanos que son de lo más deliciosos: por ejemplo, el conocimiento de las cosas y sobre todo la amistad. Para el ser humano, estudiar y comprender cómo funciona la naturaleza puede ser algo muy placentero, siempre que no se convierta en una obsesión para destacar por encima de los otros y tener siempre razón. También, desde luego, la amistad con gente inteligente y amable: en este punto Epicuro coincide más o menos con Aristóteles. En un jardín próximo a su casa, Epicuro se reunía todos los días con amigos y discípulos: charlaban de todo un poco, tanto de asuntos científicos o filosóficos como de aspectos cotidianos, y siempre de modo relajado, con buen humor. En cambio, ni Epicuro ni sus seguidores se mezclaban nunca en los asuntos políticos, demasiado turbios y llenos de ambiciones malsanas para su gusto. Al contrario, su lema era *lathe biosas*, es decir, 'vive oculto'. Dedícate a tus cosas y no te conviertas en foco de atención pública: si en aquella época hubiera habido televisión, seguro que nunca habríamos visto a Epicuro en ninguna tertulia política ni aún menos en programas de famoseo y morbo.

En líneas generales, todos los filósofos de esta época tienen preocupaciones parecidas y sus soluciones también son bastante semejantes. Cínicos, estoicos y epicúreos consideran que el problema fundamental de la filosofía es cómo vivir mejor y que cada persona debe intentarlo por sí misma, sin esperar a que cambien los gobernantes o se regenere el ser humano en su conjunto. Todos ellos se preocupan de la vida, pero le tienen un poco de miedo: hay que cuidarse, o sea que... ¡cuidado con la vida! Porque la vida humana está llena de pasiones que nos arrastran, de deseos desaforados que tienen poco que ver con las sencillas necesidades naturales y de ambiciones provocadas por el afán de sobresalir sobre los demás y dejarles con la boca abierta: la vida, francamente, es una exageración. De modo que estos filósofos recomiendan moderación, autocontrol, no dejarse arrastrar a ningún exceso y no contagiarse de los apetitos más peligrosos de la sociedad: el apetito de poseer más y más (sobre todo, más que los demás) y el apetito de mandar más que nadie.

Tras la muerte de Alejandro Magno, su imperio helenista entró en decadencia entre luchas intestinas de sus herederos. Poco a poco empezó a surgir un nuevo centro político del Mediterráneo, situado ya no en Grecia sino en Italia. El poderío de Roma se fue extendiendo por todo el mundo entonces conocido y nació otro imperio, mucho más estable y fecundo que el de Alejandro. Los romanos fueron muchas cosas importantes: conquistadores, desde luego, pero también legisladores, arquitectos, urbanistas, historiadores, dramaturgos, educadores... casi todo menos filósofos. En cuestión de filosofía, se dedicaron más bien a tomar ideas de los pensadores griegos y adaptarlas a la realidad práctica de la existencia cotidiana, sin aventurarse en grandes teorías propias. Algunos, como el gran orador y estudioso Cicerón, fueron **eclécticos**, es decir, que se prepararon su propio cóctel filosófico tomando un poquito del pensamiento de éste y mezclándolo con un poco del pensamiento de otro y añadiendo unas gotas del pensamiento de aquél... Lo que más le importaba a Cicerón era cultivar la **humanitas**, es decir, la humanidad de cada cual, entendida como benevolencia compasiva hacia los demás y elegante delicadeza de gusto en todas las cuestiones de la vida.

Hubo entre ellos destacados escritores —el propio Cicerón lo era— que pusieron en buen latín, claro y preciso, las mejores ideas de los filósofos griegos que más les interesaban. Por ejemplo, Lucrecio fue capaz de exponer en verso las doctrinas de Epicuro en su gran poema didáctico *De rerum natura,* es decir, «Sobre la naturaleza de las cosas». Lucrecio era un auténtico misionero del epicureísmo: quería ponerlo al alcance de todos los romanos, porque estaba convencido de que encerraba el secreto de la vida feliz. Pero también sabía que los libros de filosofía asustan un poco a los lectores y a veces resultan áridos (ahora que lo pienso, quizá tú estés pensando eso mismo mientras lees esta página), por lo que prefirió no escribir un tratado sino una composición poética en la que hubiese imágenes y hermosas metáforas junto a razonamientos. Tuvo tanto éxito que, durante muchos siglos y hasta hoy mismo, el epicureismo ha sido mucho más conocido a través del *De rerum natura* que por medio de los pocos textos directos que guardamos de Epicuro.

Otro pensador importante fue Séneca, que nació en Córdoba, en la provincia romana que entonces se llamaba Bética. Gran abogado y estupendo escritor, Séneca utilizó muchas ideas de los estoicos, pero también bastantes de los epicúreos en sus breves aunque muy sustanciosos estudios, cuyos meros títulos ya resultan interesantes: *Sobre la ira, Sobre la brevedad de la vida, Sobre la vida feliz, Sobre la clemencia...* A su joven amigo Lucilio le escribió una serie de *Cartas* para guiarle en los altibajos de la existencia cotidiana que siguen siendo útiles hoy para cualquiera de nosotros. Sin embargo, incluso el más sensato de los maestros puede tropezar con un alumno impermeable a la cordura: muchos consideran que las enseñanzas de Aristóteles no obtuvieron su mejor éxito con Alejandro, pero desde luego todos están de acuerdo en que Séneca fracasó en la formación moral de su más distinguido pupilo y luego emperador: ¡Nerón! Hasta tal punto que Séneca acabó suicidándose para no soportar por más tiempo las fechorías de un alumno tan peligroso. Por supuesto, los filósofos romanos no consideraban el suicidio como un crimen o un pecado, sino sencillamente como una forma de abandonar el escenario cuando la obra de teatro que todos representamos en este mundo se hace demasiado aburrida o siniestra.

Para los estoicos, vivir bien no era cuestión de tener mucho o poco ni de ocupar un puesto destacado en la sociedad, sino de que —allí donde nos haya tocado estar— nos comportemos como hombres virtuosos. Por eso no debe extrañarnos que los dos pensadores estoicos más destacados en el imperio romano ocuparan los puestos extremos de la escala social: el uno fue un esclavo, Epicteto, y el otro un emperador, Marco Aurelio. Y lo más curioso es que fueron los escritos nobles y

dignos del esclavo los que sirvieron de guía para los mucho más humildes y dubitativos del emperador... Cada uno de ellos aspiró a cumplir día tras día y como se debe su tarea hu-

Marco Aurelio

mana: en aquella época se llamaba filosofía precisamente a eso, y no a dar grandes discursos llenos de palabras oscuras.

⊣ ⊣⊣ ⊣

Estamos en el puerto de la ciudad de Alejandría, en el norte de Egipto. Al fondo, la gran antorcha de su faro, que fue una de las maravillas del mundo antiguo. Alba y Nemo están sentados en el malecón, compartiendo aceitunas y pescado frito.

ALBA.—¡Qué bueno está este pescadito!

NEMO.—A mí me vuelven loco las aceitunas... Oye, no crearán adicción, ¿verdad?

ALBA.—Y qué más da, mientras no se acaben... Además, no creo que sean droga dura.

NEMO.—Es que quiero cuidar de mí mismo, ya sabes...

ALBA.—Me parece muy bien. Pero para cuidarte no hace falta renunciar a lo que te gusta. Anda, toma otra.

NEMO.—Me parece que tú eres epicúrea.

ALBA.—Más bien estoica. ¡Con lo que te aguanto...!

NEMO.—Sin embargo, eso de renunciar a las pasiones... no sé qué decirte. Temo que la vida se vuelva bastante sosa.

ALBA.—Puede que tengas razón, pero hay pasiones y pasiones. Algunas pueden hacerle polvo a una, pero en cambio otras son una forma de... explorar.

NEMO.—Explorar, ¿qué?

ALBA.—Nuestros límites, nuestras fronteras... hasta dónde puede llegarse **demasiado** lejos.

NEMO.—Supongo que eso es lo que quería Alejandro.

ALBA.—Sí, pero a costa de pasar por encima de los demás.

En cambio me parece que Diógenes y gente como él exploraban hacia dentro, no hacia fuera.

NEMO.—Creo que Diógenes también era bastante vanidoso y quería impresionar a los demás: mira, soy más grande que tú, yo soy tan estupendo que no necesito nada... ¡Igual que Alejandro, aunque con otros métodos!

ALBA.—Ninguno de los dos me resulta demasiado simpático, aunque por lo menos parece que Alejandro era mucho más guapo. En cualquier caso, no me parece que sea necesario vivir en una tinaja o conquistar medio mundo para vivir bien.

NEMO.—Yo creo que vivir bien es no hacerse daño a uno mismo ni a los demás.

ALBA.—¡Bingo! Además, si cada cual cuida de sí mismo, algunas tendremos menos trabajo...

NEMO.—Ya te veo venir...

ALBA.—Pues sí: a las mujeres suele tocarnos cuidar de los niños, de los viejos, de los enfermos... y además de los hombres en general.

NEMO.—Oye, ¿me pasas las aceitunas?

ALBA.—Anda, toma. Yo me acabaré este pescado tan rico.

NEMO.—Y qué bien estamos aquí, al sol, ¿verdad?

ALBA.—Claro. Es lo bueno del sol, que nos calienta a todos sin pedir nada a cambio.

CAPÍTULO **5**

La filosofía sube
a los altares

E n sus orígenes, la religión cristiana fue algo así como una secta herética que se opuso a la religión judía oficial en los territorios de Israel, que entonces formaban parte del inmenso Imperio romano. Los judíos tradicionales esperaban que cierto día apareciese entre ellos el Mesías, un santo o enviado de Dios de poder extraordinario que liberase a su pueblo de la opresión de los romanos y les devolviese su libertad y esplendor. Se trataba de una esperanza en la que se mezclaba lo religioso con lo político: como otras de este tipo, no tenía ninguna fecha concreta de cumplimiento, sino que el Mesías llegaría mañana, o pasado mañana, o la mañana después de las demás mañanas...

De modo que podemos imaginarnos el sobresalto de las autoridades religiosas judías cuando corrió el rumor entre la gente de que el Mesías había llegado ya, que había nacido en

Belén y era hijo de un carpintero de Nazareth y nada menos que de una virgen (?), que además hacía milagros, etcétera. Luego la leyenda cuenta que fue detenido por las autoridades, acusado ante el gobernador romano Poncio Pilatos y finalmente crucificado. Como todos los relatos que narran la vida y muerte de Jesucristo —los Evangelios— son muchos años posteriores a esos acontecimientos, es difícil valorar su autenticidad histórica. Pero casi da igual, porque en el terreno religioso lo importante no es lo verdadero de los hechos, sino la capacidad de adhesión o fe que suscitan entre quienes deciden por razones espirituales creer en ellos.

Pablo de Tarso, un judío que además era ciudadano romano, no había conocido personalmente a Jesucristo pero se convirtió en el mejor propagador de la doctrina cristiana, añadiendo de vez en cuando aportaciones de su cosecha. Viajó por diversos países del Imperio predicando la divinidad de Jesucristo, y también que ante su majestad todos los hombres eran iguales, fuesen ricos o pobres, aristócratas o plebeyos, de esta o de aquella raza, etcétera. Y que era más importante, en caso de duda, obedecer a Dios-Cristo que al mismísimo emperador. La mayor audacia de Pablo es que se atrevió a difundir esas ideas en la mismísima Roma, capital del Imperio y por tanto del mundo.

Los romanos eran fundamentalmente prácticos en casi todos los terrenos: cuando conquistaban un país, suponían que habían conquistado también a sus dioses y se los llevaban a Roma como el resto de los trofeos obtenidos. A ellos les daba igual lo que creyese la gente con tal de que respetasen las leyes y estuvieran dispuestos a reverenciar al emperador como si fuese un dios, y un dios especialmente importante. Incluso tenían un templo en Roma, el Panteón (que significa 'todos los dioses'), en el que guardaban las imágenes de los variopintos dioses del Imperio.

Pero los cristianos eran bastante especiales: predicaban que todos los demás dioses eran falsos, simples ídolos, y que el emperador no era más que un hombre como los demás, y en muchas ocasiones notablemente peor que otros. Sostenían que pronto volvería el Mesías, Cristo, y que esta vez su llegada significaría el fin del mundo conocido, donde mandaban los romanos. Entonces los poderosos —como por ejemplo emperadores y demás, ejém...— serían castigados y en cambio los fieles a la Verdad de Jesús obtendrían premios y vivirían a partir de entonces libres, iguales y felices. Naturalmente, esas doctrinas fueron consideradas peligrosas y subversivas por las autoridades romanas, que persiguieron a los cristianos, los encarcelaron y hasta hicieron matanzas entre ellos.

Sin embargo, la religión cristiana continuó aumentando su influencia en todo el Imperio, cada vez más amenazado por enemigos externos e internos. Tenía a su favor predicar un mensaje que servía para todos los seres humanos, cualquiera que fuese su procedencia y su clase social: y precisamente lo que más abundaba en Roma era gente desarraigada, llegada de todas las partes del mundo y que buscaba algún lazo moral en común con los demás ciudadanos con los que debía convivir. El mensaje cosmopolita de Pablo de Tarso y la esperanza de salvación eterna prometida por Jesús eran lo más propio para consolarles... y unirles.

Finalmente, los antiguos dioses paganos —Júpiter, Venus, Marte y demás familia—, localistas y de costumbres bastante escandalosas, fueron jubilados. Con el emperador Constantino, el cristianismo se convirtió en la religión oficial del Imperio romano. Los primeros cristianos apenas tenían jerarquías y cargos entre ellos, porque esperaban de un momento a otro la llegada liberadora del Mesías y que con su regreso se acabase el mundo tal como lo conocemos. Pero no fue el Mesías lo que llegó, sino la Iglesia, con una jerarquía

de clérigos que imitaba la administración imperial. El obispo de Roma —después llamado «Papa»— se convirtió en la cabeza de esa Iglesia, es decir, una especie de emperador eclesiástico, y todo se llenó de obispos, presbíteros, párrocos y vaya usted a saber. También de teólogos, es decir, especialistas en cómo era el nuevo Dios único, cómo se relacionaba con los hombres, en qué consistían sus dogmas morales y temas no menos profundos. Esos primeros teólogos utilizaban los conceptos y modos de argumentación de los filósofos griegos pero adaptados mejor o peor a las doctrinas de Pablo de Tarso y otros padres de la Iglesia. Así empezó la era cristiana, formada por una combinación de las promesas mesiánicas de Jesucristo y Pablo con ideas de la filosofía griega y normas jurídicas aprendidas del Imperio romano.

☡ ☡ ☡

Llegaron los bárbaros invasores y el gran Imperio, que había parecido invencible y eterno, se hizo pedazos. Sin embargo, el otro imperio, el de la Iglesia, continuó a lo largo de siglos. Desaparecieron las escuelas de filosofía y el número de personas capaces de leer y escribir disminuyó notablemente. El manejo de la espada y de la lanza se hizo mucho más importante que el conocimiento de los diálogos de Platón. Las guerras eran continuas y los árabes irrumpieron belicosamente en Europa, en el este a través de Constantinopla y por el oeste en España. Como contrapartida, los príncipes cristianos —alentados por el Papa— emprendieron cruzadas para conquistar Jerusalén y el resto de la llamada Tierra Santa. Hubo grandes epidemias de peste que acabaron con cientos de miles de personas y el hambre se convirtió en una permanente amenaza para los campesinos y en general para la mayoría de los europeos de clase humilde.

¿Y la cultura? ¿La ciencia, la filosofía? Pues se refugió en los conventos de las distintas órdenes religiosas. Los monjes llevaban una vida de estudio: no sólo aprendían a leer y a escribir (gracias a que no tenían que ocuparse por lo general de espadas ni lanzas, los monasterios solían ser respetados en todas las contiendas por su privilegio sagrado), sino que se dedicaban a meditar sobre las distintas obras de la antigüedad que no habían sido arrasadas por las invasiones bárbaras. En muchos casos, copiaban los antiguos manuscritos de los autores clásicos para que no se perdieran (recordemos que la imprenta tardaría todavía mucho en aparecer), y hasta cuando no eran capaces de entenderlos los conservaban para hombres del futuro que pudieran hacerlo. Así se fundaron también las primeras universidades —Bolonia en Italia, la Sorbona en París, Salamanca en España...—, en las que casi todos los profesores y los alumnos eran clérigos. Mientras los nobles se dedicaban a la guerra y los demás a cultivar las tierras o al comercio, todos los que se ocupaban del conocimiento pertenecían más o menos al mundo religioso.

� � �

Desde sus comienzos, la filosofía ha sido una empresa fundamentalmente **racional.** Se trató de responder a las grandes preguntas —¿De qué está hecho el mundo?, ¿cómo debemos vivir?, ¿cuál es la mejor organización social?, etcétera— con la ayuda de nuestra capacidad de razonar, o sea, de sacar conclusiones lógicas a partir de la observación de la realidad y el debate con nuestros semejantes. Lo que se creía verdadero era consecuencia de lo que se podía probar y argumentar. Pero en la época cristiana y medieval, los filósofos tuvieron que afrontar un nuevo problema, muy importante para ellos: ¿Es compatible la fe con la razón?

En principio, no resulta fácil ni evidente. La fe consiste en creer lo que dicen los textos sagrados, aunque sean contrarios a la experiencia racional. Por ejemplo, creer que los muertos pueden resucitar o que algunos hombres muy especiales pueden andar sobre las aguas sin hundirse porque lo dicen los Evangelios, a pesar de que nunca hayamos visto maravillas semejantes. Desde luego, también los filósofos griegos conocían mitos y leyendas que contaban prodigios parecidos, pero los consideraban relatos sugestivos que no era necesario creer al pie de la letra. En cambio, los cristianos debían considerar los suyos literalmente verdaderos, tan verdaderos como que después del día viene la noche o que dos y dos suman cuatro. Los pensadores cristianos tenían fe pero no querían renunciar a la razón: de modo que su problema era intentar explicar cómo la una podía conciliarse con la otra.

⛧ ⛧ ⛧

El primer gran filósofo que produjo el cristianismo y sin duda uno de los más influyentes tanto en la historia de la Iglesia como de la filosofía fue Aurelio Agustín, que nació en la provincia romana del norte de África —la actual Túnez— y tras estudiar en Milán llegó a ser obispo de Hipona. El padre de Agustín era un noble pagano y su madre, Mónica, una cristiana. Durante toda su adolescencia y primera juventud, Agustín se debatió entre estas dos influencias contrapuestas. Fue un joven sumamente inteligente y desde muy pronto interesado en cuestiones intelectuales, aunque también muy apasionado y sensual. El amor de las mujeres le ocupó gratamente desde poco después de los quince años y marcó la primera etapa de su vida. Sin embargo, a los treinta años abandona la pasión sexual, se desengaña de los estudios clásicos y de sus primeros maestros, entre ellos Cicerón, y se dedica de lleno a la defensa e ilustración de la fe cristiana.

Conocemos todos estos detalles de su vida porque él mismo nos los cuenta en sus *Confesiones,* quizá la primera autobiografía moral e intelectual escrita en Occidente, y una de las mejores. Allí se plantea el tema del tiempo, central en la vida humana. Y resume muy bien nuestra perplejidad ante una cuestión que parece tan sencilla —¿hay algo que nos sea más **familiar** que el tiempo?— y sin embargo resulta tan difícil de explicar: «¿El tiempo? Si no me preguntan, sé lo que es; si me lo preguntan, no sé qué es». Para Agustín, el único tiempo real es el presente, porque el pasado es el presente que fue y que recordamos y el futuro es el presente que esperamos o proyectamos.

En uno de sus primeros libros escritos tras su conversión plena al cristianismo, Agustín establece: «Yo deseo conocer a Dios y al alma. ¿Nada más? Absolutamente nada más». Para él, la única y definitiva Verdad, la que busca la filosofía y encuentra la fe, es Dios. Precisamente Dios es la respuesta a las más hondas y definitivas cuestiones que nos planteamos en la vida. La razón es un instrumento útil para explorar y bucear en el interior de nosotros mismos, que es donde encontraremos a Dios. Como él dice en alguna ocasión: «No hace falta que vayas fuera». Si entramos con absoluta sinceridad y rigor en nuestra alma encontraremos finalmente a Dios, que nos sustenta y sirve de fundamento. Dios quiere que seamos, y sólo somos porque Dios quiere.

En defensa de lo que él consideraba la verdad de la doctrina cristiana, Agustín mantuvo feroces polémicas contra diversas herejías surgidas en el seno de la fe (las llamamos hoy «herejías» porque la Iglesia decidió luego darle la razón a Agustín; en caso contrario, claro, el hereje sería él...). Una de ellas era el maniqueísmo, que se inspiraba en antiguas creencias orientales sobre que hay un dios del mal lo mismo que lo hay del bien. Los maniqueos cristianos no llegaban a tanto, pero sostenían que el mal era un principio sólido y

activo, contra el cual tenía constantemente que batallar Dios.
En opinión de Agustín, este dualismo menoscababa la omnipotencia divina: la grandeza de Dios no admite verdade-

Aurelio Agustín

ros adversarios. De modo que todo lo que existe es bueno, porque lo ha creado el Supremo Bien; mientras las cosas son como deben ser, plenamente reales, son buenas: pero cuando empiezan a corromperse, es decir, a perder realidad, se van haciendo, a nuestro juicio, «malas». Un cuchillo «malo» es un cuchillo que no corta, o sea, que no es un verdadero cuchillo; un alimento «malo» es una comida que no nos nutre, sino que nos envenena, o sea, un falso alimento, etcétera. El mal en sí mismo no existe, sólo es pérdida de realidad de lo que por definición está bien.

En último término, lo verdaderamente malo es el pecado, o sea, la torcida y culpable voluntad humana de desafiar a Dios desobedeciéndole. Respecto a los humanos, Agustín era

francamente pesimista: a partir del pecado original de Adán y Eva, los primeros delincuentes morales cuya falta condicionó a sus hijos y a los hijos y nietos de sus hijos, toda la humanidad no es más que una sola «masa de condenados» que sólo se salva del castigo eterno por la redención de Cristo y las intervenciones generosas de la gracia divina. Si fuera por nuestros méritos... ¡al infierno todos de cabeza! Agustín nunca explicó por qué Dios seguía creando generaciones y generaciones de humanos para enviarlos a achicharrarse en el infierno, pero es que ya se sabe que Dios es bastante misterioso en sus gustos...

A causa de estas tenebrosas ideas, Agustín polemizó contra los pelagianos, seguidores del maestro Pelagio, que enseñaba la posibilidad de que los hombres se salvasen por su esfuerzo moral y realizando buenas obras. Esta doctrina no sólo concedía demasiada fuerza y autonomía a los humanos —a juicio de Agustín— sino que también convertía en innecesaria la permanente intervención de la Iglesia y sus clérigos para servir de intermediarios entre la miseria humana y la gloria divina. De modo que, según Agustín, el hombre, haga lo que haga y sea bueno o malo, está condenado a eternos castigos por culpa de Adán y Eva... salvo que Dios decida salvarle por medio de su gracia, es decir, del regalo personal de la salvación. Es justo reconocer que, en los siglos posteriores, la Iglesia católica ha ido suavizando esta doctrina poco

estimulante y el papa Juan Pablo II llegó a decir: «Esperemos que el infierno esté vacío». Lo cual le hubiera provocado un disgusto al atormentado Agustín...

Junto con las *Confesiones,* la obra más famosa de Agustín es *La ciudad de Dios.* En este libro sostiene que existen dos ciudades, la de la tierra o los hombres y la de Dios. En la primera prevalece el deseo de placer y dominio de los humanos. Aunque sea en apariencia estupenda y esté regida por leyes que remedan la justicia, está condenada porque le falta Dios. Es evidente que Agustín se refiere al Imperio romano, cuyos grandes hombres admira pero a regañadientes: no les niega grandeza, pero establece que esas supuestas virtudes que tenían no son más que «vicios magníficos». Pero por encima de todo está la ciudad de Dios, la de quienes renuncian a su voluntad pecadora para obedecerle reciben el don de su gracia —que está por encima de cualquier ley humana— y disfrutan por tanto eternamente del triunfo de su beatitud y gloria.

⌐⌐ ⌐⌐ ⌐⌐

Aurelio Agustín estuvo principalmente influenciado por la filosofía de Platón (adaptada a su versión de la fe cristiana, desde luego), y también fue Platón el principal mentor de Severino Boecio, autor de una de las obras más hermosas y célebres del pensamiento posterior a la caída del Imperio romano: *La consolación de la filosofía*. Boecio no era sacerdote ni obispo, sino político. Fue el más importante ministro de Teodorico, un rey godo que ocupó en Roma el lugar de los antiguos emperadores. Por circunstancias no del todo claras (en política rara vez lo están), perdió el favor de Teodorico, que lo destituyó, lo encerró en prisión y finalmente ordenó ejecutarle. Mientras estaba en la cárcel y además esperando la pena de muerte, Boecio escribió la obra mencionada, en la que se mezclan las disquisiciones filosóficas en prosa con composiciones poéticas en verso. Con ese libro pretendió en efecto consolarse de su condena. Para Boecio, los únicos filósofos dignos de ese nombre son Sócrates, Platón y Aristóteles. Todos los que han venido después pueden olvidarse. Los males de este mundo, que es evidentemente imperfecto, demuestran que debe existir un modelo perfecto —algo así como la idea platónica— al que debemos aspirar. Ese ideal

perfecto del ser es precisamente lo que llamamos Dios. Quien comprende este modelo por medio de la filosofía es feliz —aunque esté en una mazmorra— y se convierte también en cierto modo en dios por participación en la divinidad suprema. No hay mayor fuerza que la de los hombres virtuosos, mientras que los malvados, que siguen un ideal equivocado, son siempre débiles, aunque a veces no resulte evidente para quienes no reflexionan bien. El verdadero sabio no detesta ni a los enemigos que más daño le hacen, porque sabe que actúan por ignorancia: «En los sabios no hay cabida para el odio». Es un noble pensamiento para quien espera la muerte injusta... quizá como cualquiera de nosotros, de un modo u otro.

No sólo entre los cristianos se producía el conflicto filosófico entre la fe y la razón: también los otros dos monoteísmos, el judío y el musulmán, se planteaban dudas parecidas. En la Península Ibérica convivían las tres religiones, de modo a veces pacífico y otros conflictivo. En la ciudad de Córdoba (que debe de ser un lugar propicio para servir de cuna a filósofos: recordemos a Séneca) nacieron el pensador musulmán y el pensador judío más grandes de su época: Averroes y Maimónides. Aunque sus planteamientos filosóficos fueron distintos, ambos tuvieron coincidencias biográficas. Para empezar, los dos chocaron con la intolerancia de los fanáticos, fueron perseguidos y acabaron exilados lejos de su tierra natal: al musulmán Averroes le acusaron de herejía por promover la sabiduría griega sus propios compatriotas; al judío Maimónides le expulsó de Córdoba la intransigencia obtusa —todas las inquisiciones y fanatismos lo son— de los almohades.

Averroes y Maimónides coincidían también en su convicción de que razón y fe no juegan en campos opuestos: para Averroes, la razón la encarna Aristóteles, y estaba seguro de que las obras del gran maestro griego, bien comprendidas, no pueden ir contra las enseñanzas del Corán, porque tanto el sabio como el libro fueron igualmente inspirados por Alá, que todo lo conoce; también Maimónides, en su obra hermosamente titulada *Guía de perplejos,* busca demostrar la compatibilidad entre la Biblia y la filosofía clásica. Aunque sin duda habrían discutido por muchas cosas si la cronología les hubiera permitido conocerse, en algo importante desde luego estarían de acuerdo Averroes, el musulmán, y Maimónides, el judío: en que no puede haber contradicción de fondo, más allá de las apariencias, entre lo que merece la pena pensar y lo que merece la pena creer.

Por lo demás, discrepaban en asuntos esenciales. El aristotélico Averroes opinaba que el ser, es decir, el conjunto definitivo y dinámico de lo que hay, existe necesariamente y por tanto no puede no existir: o sea, que el Universo es eterno y Alá, que lo ha creado y lo mantiene desde siempre, es el garante de un orden en el que todo ocurre de manera determinada por causas inexorables. Los humanos actuamos cotidianamente con cierto grado de libertad de elección, pero a fin de cuentas nuestras opciones también deben someterse a las determinaciones del resto de lo que hay. Maimónides, en cambio, cree que el Universo es contingente, es decir, que pudiera haber existido o no y que podría ser de este modo o de algún otro. Jehová, su creador, lo ha extraído de la nada por un acto libre, porque está por encima de cualquier forma de necesidad. Y también los humanos compartimos en nuestra modesta medida esta libertad divina, aunque ello nos imponga ser responsables de cuanto hacemos y no nos permita refugiar nuestras culpas en la necesidad universal.

De los muchísimos y notables maestros que enseñaron filosofía y teología en las primeras universidades europeas, probablemente ninguno fue más importante o influyente que Tomás de Aquino. En gran medida, casi todas las opiniones que hoy mantiene la Iglesia Católica sobre los asuntos fundamentales en cualquier campo intelectual provienen de su enseñanza. Tomás nació en una familia aristocrática en el castillo de Roccasecca, cerca de Nápoles, pero renunció a sus privilegios familiares y quiso ser fraile dominico. Fue profesor en la Sorbona, en París, y también en otros importantes centros de estudio. Como Averroes o Maimónides (a los que había estudiado), sostuvo que la fe y la razón eran compatibles, aunque a diferencia de ellos estableció una clara jerarquía: la fe, arriba; la razón, con su respetable autonomía pero abajo. Por decirlo a su manera, la filosofía era nada menos —y sin embargo nada más— que una «criada de la teología». Vamos, que servía para hacerle los recados y las tareas humildes... es decir, racionales.

Con extraordinaria fuerza y habilidad dialéctica, adaptó las principales teorías de Aristóteles —porque también él era aristotélico, a diferencia del platónico Agustín— de modo que sirviesen como justificación a los principios del cristianismo. Por supuesto, cuando se daba una dificultad insuperable, sostenía que era la fe la que debía prevalecer. Pero en general mantuvo, en todas las controversias entre interpretaciones divergentes de la época, las posturas más sensatas y razonables. En su opinión, Dios **es** y los humanos **somos**, pero el atributo de la existencia o el ser no se nos aplica a todos por igual, sino solamente análogo, es decir, semejante aunque en grados diversos: Dios es de modo necesario y nosotros somos de manera contingente, fundada en la voluntad divina. Aunque es la fe el instrumento sobrenatural que nos revela a Dios, Tomás de Aquino buscó pruebas racionales de la existencia del Creador. Es decir, vías que, partiendo de lo que ya conocemos sin necesidad de la fe, nos hagan llegar a convencernos de que hay ese Dios que la fe revela... a quien la tiene.

Enunció cinco pruebas o vías para llegar al descubrimiento racional de la existencia de Dios: la de que todo lo que se mueve debe ser movido por otro hasta llegar a Algo que se mueva por sí mismo, la de que todo lo que tiene causa nos remite de una a

Tomás de Aquino

otra causa hasta Algo incausado, la de que todo lo que puede existir o no existir recibe su existencia de Algo más necesario y finalmente de Algo que ya es necesario en sí mismo y no sólo posible, la de que todas las perfecciones relativas que conocemos —más o menos sabio, más o menos fuerte, más o menos bueno, etcétera— exigen Algo que sea perfecto en grado sumo, y la de que todas las cosas naturales —aunque no posean inteligencia— están orientadas por su constitución hacia un fin que debe haber sido determinado por Algo inteligente que las ordena (en la época actual hay un **revival** de este argumento en la idea de un Diseño Inteligente de los seres vivos que algunos oponen a la teoría de la evolución de Darwin). Por supuesto, Tomás de Aquino nunca dudó de que ese Algo era el Dios cristiano al que veneraba. Pero como tomó su argumentación de filósofos anteriores y no cristianos, como los musulmanes Avicena y Averroes o el judío Maimónides, en caso de ser válidas sus pruebas también servirían para probar la existencia de la divinidad mahometana o hebrea, lo cual podría inducir cierta confusión en los creyentes más rigurosos. ¿O es que da lo mismo un Dios que otro, con tal de que haya un Dios?

En la época medieval hubo muchos otros personajes intelectuales notables y curiosos, muy distintos pese a que compartiesen una misma fe. Por ejemplo Raimundo Lulio, nacido en Palma de Mallorca, que escribió muchas obras de los géneros más diversos: novela filosófica, poemas, tratados místicos y sobre todo algunos estudios sobre lógica de corte sumamente innovador. La principal preocupación teórica de Lulio fue combatir las doctrinas musulmanas y demostrar su falsedad. A su juicio, la fe no se oponía al entendimiento, sino que le prestaba el necesario vuelo metafísico para llegar hasta la divinidad. Pero su aportación más original pertenece a la lógica o lo que él denominaba **Ars magna**, el gran arte. Para él consistía en la sucesiva combinación de nueve diferentes formas de predicados, que, adecuadamente articulados, debían llevar al descubrimiento de todas las verdades que podía alcanzar sin ayuda sobrenatural el intelecto humano. Su originalidad, que luego sedujo a diversos sabios de siglos posteriores entre los que se contaron Giordano Bruno o Leibniz, consistió en suponer que la lógica no sólo servía para establecer la validez de los razonamientos sino también para inventar, por juego de combinaciones, razonamientos nuevos que inaugurasen verdades inéditas.

Sin duda, el último gran filósofo de la época medieval y también el primero de la filosofía digamos «moderna» fue Guillermo de Occam. Era un religioso franciscano que también sufrió diversas persecuciones de las autoridades religiosas por culpa de sus ideas... o más bien por culpa de la falta de ideas originales de sus inquisidores. Para fray Guillermo, el origen de todo conocimiento humano es la experiencia. Sólo podemos saber aquello de lo que tenemos evidencias básicas aportadas por nuestros sentidos. De lo que no tenemos experiencia sensorial, por ejemplo de Dios o de los dogmas religiosos, no podemos decir que lo conocemos realmente. La fe y la teología pueden darnos normas de comportamiento,

quizá nos muestren el camino sobrenatural de la salvación... pero no nos hacen más sabios. Para Occam, la fe sigue su camino y la razón el suyo, fundado en la experiencia. Si queremos aumentar nuestro conocimiento debemos hacerlo a partir de lo que comprobamos empíricamente. Guillermo de Occam fue un decidido defensor de la libertad de pensamiento en cuestiones científicas —ahí no valen dogmas, por respetables que sean, sólo cuentan las comprobaciones basadas en datos empíricos— y también de la separación entre el poder espiritual de la Iglesia y los gobiernos civiles de los Estados. Quiso liberar a la Iglesia del Estado y también al Estado de la Iglesia. Con él puede decirse que empezó realmente un nuevo mundo filosófico... y político.

-3- -3- -3-

Estamos en el interior de una majestuosa catedral gótica. Los rayos de sol se tornasolan al cruzar la vidriera policroma. Al fondo suena una suave música de órgano.

NEMO.—Oye, creo que ya sé...

ALBA. ¡Chiss!

NEMO.—Pero... ¿qué pasa? ¿Ya no me dejas ni hablar?

ALBA.—Habla, pero no grites. Estamos en la iglesia y hay gente rezando.

NEMO.—¡Pues vaya! En fin, me has cortado y ahora ya no me acuerdo de lo que iba a decirte.

ALBA.—Era algo que creías saber...

NEMO.—¡Ah, sí! Verás, cuando nos hablaron de Guillermo de Occam me pareció que le conocía de algo. Y ahora ya sé de qué: le he visto en una película.

ALBA.—No sabía yo que ya filmaban películas en el siglo trece...

NEMO.—Ja, jo, jí, qué graciosa eres. La película de que te hablo es bastante más reciente, aunque ya tiene sus añitos. ¿Has visto *El nombre de la rosa*?

ALBA.—Pues no, creo que no. ¿Me he perdido algo bueno?

NEMO.—Algo estupendo, no lo dudes. Va de una serie de crímenes que suceden en un monasterio medieval alucinante, de lo más guay que he visto. Con unas torres... y todo rodeado de nieve. El detective que los investiga es un monje que se llama Guillermo de Baskerville, y lo hace Sean Connery. ¡Mejor, imposible! Le acompaña otro monje jovencito llamado Adso. ¿Ves? Baskerville como el perro infernal contra el que luchó Sherlock Holmes y Adso, que suena a Watson, su ayudante. Pero Guillermo... estoy segurísimo de que se llama Guillermo por Guillermo de Occam.

ALBA.—No acabo de entenderlo.

NEMO.—Es porque no has visto la película. Guillermo de Baskerville todo lo descubre a base de pistas y datos que descubre con su experiencia, ¿comprendes? Mirando, escuchando, olfateando... No se fía de lo que le dicen ni acepta soluciones sobrenaturales para los asesinatos. Además tiene que enfrentarse a un inquisidor de lo más cabrón, un fanático que manda quemar a un montón de gente. Y algo muy importante: tiene mucho sentido del humor.

ALBA.—¿Quién, el inquisidor ese?

NEMO.—¡No, mujer, qué cosas dices! ¡Me refiero a Sean Connery! O sea, Guillermo de Baskerville. Es decir, Guillermo de Occam.

ALBA.—A ver si te aclaras.

NEMO.—Estoy seguro de que Guillermo de Occam era un tío con sentido del humor. Porque pensaba por sí mismo y se fijaba en todo lo que había a su alrededor. Lo contrario de los inquisidores: ésos creen que la verdad les cae de lo alto, paf, catacroc, y lo que no se ajusta a su dogma lo queman para que no les fastidie el cuento. ¡No tienen ni pizca de humor, te lo juro!

ALBA.—En eso estamos de acuerdo. Hay que tomarse muy en serio a uno mismo para quemar a alguien que no piensa como tú.

NEMO.—Pues de esos fanáticos hubo muchos en la Edad Media.

ALBA.—¡Toma, y ahora! ¿Qué me dices de Stalin, Hitler, Franco o Fidel Castro? Cuanto más brutos, menos bromas aguantan sobre sus creencias.

NEMO.—En cambio Sócrates dialogaba con cualquiera y se reía de todos, empezando por él mismo, ¿te acuerdas? Sólo se puede hablar libremente con quien no está seguro de tener la verdad, toda la verdad y sólo la verdad.

ALBA.—Bueno, bueno... pero no chilles, que estamos en una iglesia.

NEMO.—Lo siento, pero es que me indigna...

ALBA.—Hasta luego.

NEMO.—¿Y adónde vas ahora?

ALBA.—Voy al videoclub, a ver si encuentro la película esa que dices. *El nombre de la rosa,* ¿no?

NEMO.—Pues te acompaño. No me importaría verla otra vez... contigo. Y luego hablamos.

CAPÍTULO 6

muy humanos
y contentos
de serlo

n la Edad Media solía decirse: «El aire de las ciudades hace a los hombres libres». Es decir, en la ciudad cada cual puede elegir su trabajo y no está obligado a vivir pegado a la tierra como los campesinos. Tampoco depende de los caprichos a veces tiránicos del señor feudal, que exige un pago a menudo abusivo de quien cultiva sus campos, como precio a su protección contra las incursiones de posibles enemigos. Así las ciudades fueron adquiriendo cada vez más importancia y con ellas el Estado, gobernado por un rey que estaba por encima de los señoríos y unificaba en sus manos la administración del poder.

Con el ascenso del poder de los Estados fue disminuyendo el dominio de la Iglesia sobre los ciudadanos. En especial la cultura (es decir, las universidades, el arte y el pensamiento) fue quedando cada vez más en manos de los civiles. Por supuesto, la Iglesia aún mantenía gran influencia en la sociedad, pero ya no ejercía un control absoluto. En muchas ocasiones, los reyes y el Papa entraban en conflicto y no siempre era este último quien imponía su criterio. En el terreno filosófico, el tema fundamental dejó de ser el contenido de los dogmas cristianos y las peculiaridades de la naturaleza sobrenatural de Dios. Aparecieron preocupaciones nuevas: las leyes de los países y su mejor organización, la paz y la guerra entre las naciones, las posibilidades de la ciencia y del arte... Volvieron a leerse y a citarse como autoridades intelectuales a los autores clásicos griegos y romanos, por encima de los padres de la Iglesia. Se desarrolló la investigación y el estudio experimental de las cosas. En una palabra, el asunto central de estudio pasó a ser el hombre y sus capacidades humanas, mientras que la teología quedó relegada a un segundo plano.

Quizá en ningún otro sitio se exprese este giro humanista del pensamiento con tanta nitidez como en el *Discurso sobre la dignidad del hombre,* de Giovanni Pico de la Mirandola. El autor fue un joven italiano de familia aristocrática, que vivió solamente treinta y un años. En ese breve plazo dio muestras de grandes conocimientos en materias muy dispares que le granjearon admiraciones, aunque también odios (se dice que murió envenenado), en las diversas ciudades en que vivió: Bolonia, Ferrara, Padua y Florencia. Es preciso recordar que por entonces Italia no era un Estado único, sino un conjunto de ciudades-estado gobernadas por familias nobles y frecuentemente enfrentadas en conflictos armados, pero en las que florecían excepcionalmente los conocimientos y las artes.

El *Discurso sobre la dignidad del hombre* ha sido llamado por algunos «el manifiesto del humanismo renacentista». En él se cuenta una especie de fábula o mito, semejante a aquellos de los antiguos griegos: Dios repartió entre todas las criaturas los diversos bienes y habilidades, en una escala en la que cada cual ocupa su lugar determinado y que va

desde los ángeles en lo más alto hasta los seres más humildes e inferiores como la ostra (a la pobre ostra, Giovanni Pico la tenía realmente en muy poca estima). Pero dejó para el final al hombre, y cuando llegó su turno ya no guardaba ningún bien especial que darle: por tanto, el ser humano se quedó sin ningún puesto específico y fijo en la escala de la creación. Pero esa aparente limitación tenía también sus ventajas y le otorgaba al hombre una especial dignidad. Así que Dios se dirigió a Adán, el primero de nuestra estirpe humana, y le dijo: «Mira, Adán, no voy a concederte ninguna prerrogativa ni te asignaré ningún lugar exclusivo en la creación. Los demás seres tienen que atenerse a lo que yo he programado para ellos, pero tú podrás buscarte y labrarte tu propio destino, empleando tu libertad. Serás tu propio escultor y podrás fabricarte con tus actos la imagen que prefieras, después de conocer todas las cosas que hay en el mundo. Podrás ascender en la escala hacia lo más alto, acercándote a los ángeles y la divinidad, o degradarte y bajar hacia las bestias inferiores (¡la ostra, ya sabes, menudo aburrimiento!)». De este modo legendario explicaba Pico que el hombre no sólo es parte de la creación divina, sino en cierta forma colaborador en ella, como una especie de dios en miniatura. Y esa capacidad creadora es la que le pone por encima de los restantes seres, porque para bien y a veces para mal tiene la tarea de inventarse a sí mismo.

El intelectual más influyente de esa época fue Desiderio Erasmo, nacido en Rotterdam pero viajero por toda Europa

y considerado maestro del saber en todos los países. Aunque educado como sacerdote, pidió ser dispensado de sus votos y colgó los hábitos. Era un espíritu sumamente independiente y nunca quiso someterse a ninguna disciplina ni afiliarse a ninguno de los partidos religiosos que se enfrentaban virulentamente. En la historia del pensamiento no faltan mártires valero-

Erasmo de Rotterdam

sos que han pagado con la cárcel y hasta con la vida la defensa a ultranza de sus teorías. El cauteloso y prudente Erasmo estuvo siempre firmemente decidido a que no incluyeran su nombre en esa nómina heroica. De modo que se las apañó para exponer sus ideas con precisión, elegancia y mucha ironía, pero arreglándoselas también para esquivar los peligros y evitar que los fanáticos de cualquier signo se cebaran en su frágil persona.

Y es que Erasmo pensaba que todos los humanos estamos necesariamente más o menos locos. No locos en el sentido clínico del término, como para internarnos en un manicomio (aunque también hay bastantes de estos), sino poseídos por obsesiones fantásticas e ilusiones de todo tipo sin las cuales la vida se nos haría imposible. En una palabra, nos alimentamos de mentiras e imposturas sin las cuales no podríamos ni respirar. En el amor, en la política, en la religión y en todos los campos nos movemos gracias a fantasías o exageraciones que tomamos tremendamente en serio. Éste es el argumento de la obra más conocida de Erasmo, titulada *Elogio de la locura,* en la que realiza con humor malicioso un supuesto encomio de nuestros delirios más queridos y frecuentes. Por supuesto, Erasmo sabe muy bien que no todas esas «locuras» tienen el mismo mérito ni el mismo peligro: algunas nos permiten disfrutar con mayor ahínco de las posibilidades que ofrece la existencia, pero otras se convierten en motivo para intransigencias, hipocresías, guerras y persecuciones.

A pesar de ser un hombre religioso, Erasmo era muy crítico con la Iglesia y sobre todo con los papas, demasiado dedicados en su época al lujo, a la sensualidad y a las intrigas políticas: vivían literalmente como príncipes, no como sacerdotes y representantes de la humildad cristiana. Erasmo escribió páginas demoledoras contra ellos, que probablemente inspiraron en parte a los reformadores protestantes. Pero cuando Lutero lanzó su cisma, Erasmo no se decidió a ponerse de su lado abiertamente: prudente hasta parecer a veces cobarde (aunque no faltaban en esos tiempos, como en todos, muestras de brutalidad que justificaban su actitud), desconfiaba de la vehemencia y el fanatismo del monje rebelde, a pesar de comprender y en cierta medida compartir sus razones. De modo que se mantuvo en una actitud ambigua, que le hizo sospechoso ante todas las facciones... pero le permitió llegar a viejo.

En lo que Erasmo fue indudablemente más claro fue en su oposición a la guerra, a cualquier guerra, a todas las guerras. En uno de sus *Adagios* (es decir, comentarios de proverbios griegos y latinos en los que daba muestras de su erudición a la par que exponía sus propias ideas), glosa el proverbio «La guerra es dulce para quien no la conoce». Dice Erasmo que sólo los muy jóvenes a quienes les comen el coco con soflamas guerreras pueden creer que la guerra es una ocasión magnífica y heroica (también nuestro Quevedo habló luego de «la juventud robusta y engañada»). En realidad, el hombre no está hecho para enfrentarse a los demás hombres, sino que es el único animal nacido exclusivamente para la amistad y que madura y se refuerza principalmente gracias a la ayuda mutua. Las trampas y crueldades de la batalla son todas infames, aunque nos hayamos acostumbrado a ellas y las consideremos «normales». En cuanto a los motivos para declarar la guerra al vecino, todos le parecían fútiles y engañosos, porque quien quiere reñir siempre encontrará en el pasado alguna justificación para su agresión. La verdadera causa de las guerras suele ser siempre la ambición y el deseo de conseguir por la fuerza riquezas ajenas. Tampoco le convencían quienes predicaban la cruzada contra los turcos pretextando que tenían una religión distinta y «peligrosa». Vamos a ver, si los cristianos no practican la caridad y la mansedumbre evangélicas, ¿en qué son mejores que los musulmanes? Incluso llegó a decir que «si se prescinde del nombre y de la insignia de la cruz, somos turcos luchando contra turcos». Valientemente —¡ahora sí!—, Erasmo sostuvo que los príncipes deben recordar que gobiernan a hombres libres y no a simple ganado al que se puede llevar con engaños al matadero para servir a sus propios intereses particulares.

En alguno de sus viajes, Erasmo fue a Inglaterra y se alojó en casa de su amigo Tomás Moro. El canciller Moro era un estudioso de los filósofos clásicos, como Erasmo, pero también un hábil político, consejero durante cierto tiempo del rey Enrique VIII. En bastantes aspectos se parecía a Erasmo: erudito, irónico, firme en sus convicciones religiosas pero tolerante con las de los demás. Y también un espíritu libre e independiente, que servía a su país sin sentirse sin embargo obligado a plegarse a los caprichos del poderoso. Seguramente, Erasmo y él se lo pasaban muy bien charlando y riéndose

Tomás Moro

de las locuras necesarias de los humanos. Por cierto, ¿en qué lengua hablaban entre sí los dos amigos? Pues en latín seguramente, el idioma de todas las personas cultas de Europa en aquella época, en la que escribieron sus obras más destacadas. La diferencia entre ambos era que Moro ocupó cargos políticos, en vez de mantenerse al margen de esos asuntos como el prudente Erasmo. Por ello, cuando el polígamo Enrique VIII ordenó al parlamento inglés anular su matrimonio con Catalina de Aragón y nombrar heredero del trono al hijo que había tenido con su segunda esposa, Ana Bolena (a la que también eliminó luego de un hachazo), Tomás Moro se negó a firmar ese acta. El rey le encarceló, le condenó a muerte y terminó ordenando que le cortaran la cabeza. Cuando quienes querían salvarle la vida le sugerían que dijese una palabra de arrepentimiento al rey, probablemente propicio a indultarle en nombre de sus servicios pasados, Moro contestó con sencilla firmeza: «Soy el único que lleva la responsabilidad de mi propia alma».

Tomás Moro escribió un libro cuya celebridad ha llegado hasta nuestros días: *Utopía*. Es uno de los pocos casos en que el título de una obra se convierte en el nombre de una forma de pensamiento: ¿quién no ha oído hablar de utopías buenas o malas e incluso ha calificado un proyecto supuestamente irrealizable de «utópico»? La *Utopía* de Moro es una especie de novela que cuenta la llegada de un náufrago, Rafael, a una isla denominada Utopía (un nombre de etimología griega que significa algo así como 'en ningún lugar', 'en ningún sitio', y que indica la intención satírica del autor). Este mínimo argumento sirve para contarnos las instituciones y la forma de vida que imperan en ese lugar fabuloso.

En Utopía no existe la propiedad privada ni el dinero (el oro y la plata son considerados metales viles, que sirven para fabricar los instrumentos domésticos menos preciosos). Todos los ciudadanos cultivan el campo por turnos y nadie puede permanecer ocioso salvo riguroso castigo. Se trabaja seis horas al día y el resto del tiempo se dedica al ocio o al estudio. Sólo se cultivan las ciencias que sirven para fines prácticos, no las especulaciones lógicas o metafísicas. La religión de los utopianos se basa en la inmortalidad del alma y por tanto los castigos o premios eternos que le corresponden tras la muerte (es decir, los aspectos prácticos de las creencias que sirven para mantener el orden), pero si se aceptan estos dogmas,

no es preciso ya pertenecer a ninguna iglesia determinada y el cristianismo coexiste sin hostilidad con cualquier otra devoción. Sólo son condenados los fanáticos religiosos que intentan perseguir a los fieles de otras doctrinas, de modo que el único pecado imperdonable socialmente es la intolerancia. La guía racional de la conducta humana es el placer y sobre el placer se basa la solidaridad social, porque el placer de todos es parte del placer de cada uno de los miembros de la comunidad.

La verdad es que la vida en Utopía, si nos tomamos en serio esta sátira, no parece demasiado atractiva: todo es excesivamente rígido y formal, nada puede ser discutido y las novedades están descartadas por decreto (las leyes vigentes fueron establecidas por el mítico rey Utopos, que las promulgó de modo inapelable e inmodificable... ¡hace ochocientos años!). Sin embargo, lo cierto es que Tomás Moro no intentaba proponer realmente un programa de gobierno ni un modelo de paraíso, sino criticar usos y abusos frecuentes en la Inglaterra de su época. Lo malo es que muchos de los utopistas que han seguido las trazas de Moro (imitando preferentemente el comunismo elemental de la primera Utopía) han

pretendido después establecer en serio paraísos obligatorios en los que todo estuviera previsto de antemano y los disidentes fuesen castigados como traidores a la comunidad. De este modo, en demasiados casos, el sueño idealista de unos pocos se ha convertido en pesadilla carcelaria para todos los demás. Pero sería injusto echar la culpa de estas peligrosas aberraciones al ingenioso y valiente canciller.

En España, el valenciano Juan Luis Vives fue amigo de Tomás Moro y de Erasmo, manteniendo correspondencia con ellos. A Vives le preocupaba que la lógica aristotélica, admirable en su día, hubiera llegado a convertirse en la Edad Media en una intocable vaca sagrada que impedía el desarrollo de la ciencia moderna. Sostuvo que los verdaderos discípulos de Aristóteles no eran quienes leían devotamente sus obras y se las aprendían de memoria, obstaculizando así nuevos descubrimientos, sino los que seguían el ejemplo vivo de Aristóteles, que fue en su época un gran observador de la naturaleza y para nada un memorizador de textos antiguos. El conocimiento científico avanza a través de la investigación experimental de los hechos naturales y no por el estudio de obras del pasado, por muy ilustres que sean. También escribió un tratado *Sobre el alma y la vida,* en donde sostiene que lo importante no es elucubrar sobre qué sea el alma en abstracto sino estudiar empíricamente sus propiedades y la manera en que se manifiestan en la vida cotidiana.

Uno de los autores más interesantes y simpáticos del Renacimiento fue Michel de Montaigne, que vivió en su castillo del Perigord, cerca de Burdeos. No es corriente hacer innovaciones en alguno de los géneros literarios conocidos, pero todavía es más raro inventar un género nuevo, un tipo distinto e inédito de obra literaria. Se puede decir que Montaigne inventó uno y precisamente el más practicado hoy en día: el ensayo. Así se llaman por primera vez los textos que escribió, *Ensayos,* piezas breves que no pretenden estudiar científica

y ordenadamente un tema sino reflexionar con libertad y espontaneidad sobre él, aportando anécdotas, rasgos de humor, experiencias personales y divagaciones que lo prolongan en busca de nuevos horizontes. En todo lo que escribe Montaig-

Michel de Montaigne

ne es muy importante el testimonio de su propia aventura vital (al comienzo de su obra anuncia: «Yo soy la materia de mi libro») y todo lo que cuenta y piensa está pasado a través de sentimientos y sensaciones que él mismo ha tenido. Nunca habla sólo de oídas —a pesar de su gran erudición—, sino que refiere las cosas en primera persona. A pesar de que su padre le educó hasta casi la adolescencia en latín, Montaigne es el primero de estos autores humanistas que escribe en francés, es decir, la lengua común del pueblo y no sólo la de los universitarios o estudiosos. Los ensayos tienen un discurrir variable porque la vida misma es así, cambiante y llena de circunstancias contradictorias.

El pensamiento de Montaigne está marcado por el escepticismo, es decir, por la duda respecto a todo lo que podemos saber. No habla con la seguridad del dogmático sino que expresa sus vacilaciones y a veces su confusión sobre lo que se le aparece en el mundo. Para conocer lo que hay sólo contamos con los datos de nuestros sentidos y no tenemos medio de estar seguros de si las cosas son como nos parecen o su ser verdadero es diferente a como nosotros lo percibimos. No tenemos más remedio que atenernos al testimonio variable e incierto que nos aporta la experiencia, por lo que haremos bien en ser modestos en la ostentación de nuestra ciencia. Dependemos del mundo y la naturaleza: frente a ese enorme conjunto de sucesos, somos pequeños y contamos con medios limitados de conocimiento. El hombre sensato buscará vivir lo mejor posible y no sólo saber lo más posible: a fin de cuentas, lo que más importa es disfrutar del modo más humano de nuestro breve paso por el mundo.

Para Montaigne, todo lo que ocupa la vida es digno de atención, desde nuestras funciones fisiológicas hasta nuestras enfermedades o nuestra conversación con los amigos. Y no hay que exagerar la importancia de lo que llamamos «civilización», porque también los que denominamos «salvajes» —como los indígenas de la América entonces recién descubierta— e incluso los animales son compañeros nuestros en el esfuerzo por aprovechar lo mejor posible cuanto de favorable ofrece la vida. A Montaigne no le gustaban los sacrificios ni el sufrimiento como mérito: incluso dice, radiante: «Yo no hago nada sin alegría».

✠ ✠ ✠

Si la *Utopía* de Tomás Moro sirvió para nombrar todo un nuevo género de obras, el apellido de Maquiavelo se ha convertido en adjetivo calificativo (o, más bien, descalificador) de ciertos políticos: llamamos hoy «maquiavélico» a alguien muy astuto, hipócrita y tramposo que no retrocede ante ninguna fechoría para conseguir lo que se propone. No es del todo justo: Nicolás Maquiavelo, nacido en Florencia, fue un historiador dedicado a hacer política pero también a reflexionar sobre ella, no un desaprensivo ni mucho menos un criminal. Ante todo, fue un patriota con el mayor de los problemas: su patria no existía... aún. Italia era un mosaico de ciudades y feudos frecuentemente enemistados, en donde los reyes de España y Francia hacían y deshacían a su conveniencia. Maquiavelo quería conseguir que los italianos se unieran entre sí y se independizaran del dominio de los extranjeros. Aspiraba a recuperar la antigua gloria que Roma había conocido en Europa. Para ello eran imprescindibles al menos dos cosas: un buen conocimiento histórico del pasado, para aprender de él lecciones útiles y también para saber de dónde venían las instituciones malas o buenas del presente, así como gobernantes capaces y enérgicos que asegurasen la libertad cívica del país. Fueron precisamente sus consejos a esos futuros gobernantes —recogidos en su obra más célebre, *El príncipe*— los que le han granjeado mala fama en la posteridad...

Según Maquiavelo, el gobernante tiene ante todo que ser un buen político (capaz y decidido, conocedor del terreno y con proyectos viables, etcétera), pero no sencillamente lo que llamamos «una buena persona». La moral corriente está muy bien para las relaciones cotidianas que los humanos mantenemos entre nosotros, pero no sirve —o al menos no basta— para quien tiene que dirigir toda una comunidad, sortear conspiraciones y revueltas o enfrentarse a enemigos exteriores. El cristianismo puede ser estupendo para salvar el alma particular de cada cual, pero se convierte en un obstáculo cuando de lo que se trata es de salvar a todo un país. No es que Maquiavelo aconseje a su príncipe que disimule, mienta o incluso elimine por las bravas a sus oponentes políticos: pero deja claro que si hay que acudir a esos métodos por razones justificadas no debe ponerse demasiado melindroso. Si los ciudadanos aman a su príncipe será mejor para todos, pero es más seguro que al menos le teman. Muchas veces un príncipe temido pero eficaz es mucho mejor para garantizar la libertad de los ciudadanos que uno muy amado por bondadoso y tontorrón.

Este manual de instrucciones convierte a Maquiavelo en padre de lo que después se llamó la «razón de Estado», es decir, la justificación por el bien de la comunidad y la paz social de los actos menos recomendables que a veces perpetran los gobernantes. Sería injusto, sin embargo, hacerle

responsable de tantos abusos y maldades como luego se han cometido y se cometen bajo el lema de la dichosa «razón de Estado». Quizá el descuido de Maquiavelo fue no prever que muchos políticos confunden sus intereses personales o los de su partido con el bien común de la sociedad: claro que estos pájaros no son «maquiavélicos» sino sencillamente sinvergüenzas... La visión que tiene Maquiavelo de la historia y la política es sin duda más pagana que cristiana; lo que él llama «virtud» se parece más bien a lo que los antiguos romanos consideraban así, no a lo que predican los santos padres. Algunas de las figuras políticas más admiradas por él, como el feroz César Borgia o el marrullero Fernando el Católico, aspiraron a reinos más terrenales que el de los cielos. Por lo demás, Maquiavelo tuvo una clara conciencia de que organizar la convivencia humana es algo muy complejo, sometido a constantes vaivenes según las fuerzas en conflicto y donde constantemente influye el azar, es decir, lo imprevisible que desbarata los mejores planes. Es el azar (lo que los paganos llamaron «fortuna» y los cristianos quisieron contrarrestar con la noción de Providencia divina) el mayor y más constante enemigo con el que los príncipes deben enfrentarse... como el resto de los humanos, si bien se mira.

En esta época comienza también a desarrollarse la ciencia en el sentido moderno de la palabra, basada en la observación, en la experimentación y luego en la aplicación de cálculos matemáticos. Pero los descubrimientos científicos hicieron tambalearse muchas creencias tradicionales, algunas sostenidas por supuestos «argumentos» religiosos y otras basadas en un respeto acrítico a lo que decían Aristóteles y otros sabios de la Antigüedad. El gran astrónomo Nicolás Copérnico, por ejemplo, estableció que el centro de nuestro sistema planetario es el Sol y no la Tierra (como se creía desde Tolomeo). Después otro astrónomo, Kepler, reforzó la teoría heliocéntrica y descubrió las leyes del movimiento planetario, la órbita elíptica que describen estos cuerpos celestes, etcétera. De los descubrimientos de ambos se derivaron luego los grandes avances de genios como Galileo o Isaac Newton. Ya no en los cielos sino en la tierra, Gilbert teorizó sobre las propiedades del imán, Harvey descubrió la circulación de la sangre, Leeuwenhoek hizo lo propio con los espermatozoos y los organismos unicelulares, Robert Boyle hizo avanzar extraordinariamente la química, etcétera. La gran carrera por el desvelamiento de los componentes materiales del mundo había comenzado.

Lo mismo que la política fue pensada filosóficamente por Maquiavelo, otros se dedicaron a la reflexión sobre las nuevas perspectivas cósmicas y materialistas que abría la nueva ciencia. A veces, esas reflexiones tenían más de imaginación poética que de método científico, como en el caso de Giordano Bruno, nacido en Nola. Eran tiempos en que las fronteras entre la magia y el conocimiento experimental, la observación de lo real y el vuelo fantástico que se pasea por el Universo inmenso estaban todavía poco claras. Bruno tenía interés en todos esos campos y se movía con fulgor y cierta arbitrariedad a través de ellos. Consideraba meras supersticiones las creencias religiosas, con sus milagros y resurrecciones, aunque les concedía algún valor —muy relativo— de orientación moral. Creía en un Dios pero al que identificaba con la naturaleza y sentía el entusiasmo vital del hombre enfrentado ante las posibilidades infinitas del Universo, semejante por tanto al propio Dios en su aspiración a lo ilimitado. Como otros pensadores del pasado, padeció cárcel y persecución por sus ideas. Finalmente vino a caer por la traición de un falso protector en manos de la Inquisición, en Roma. Tras un largo encierro, en el que se negó a renegar de sus doctrinas —que apreciaba tanto como su vida misma y por las que estaba dispuesto a arriesgarla—, terminó quemado vivo en el Campo dei Fiori, donde una estatua severa y oscura conmemora hoy su martirio.

※ ※ ※

Bruno consideró dañinos para el conocimiento a los seguidores acríticos de Aristóteles, que pretendían conocer la naturaleza de antemano y basándose sólo en los razonamientos, ya remotos en el tiempo, de su maestro. Y también fue decididamente antiaristotélico Francis Bacon, un pensador inglés al que se le considera padre del método científico. Ciertas personas pueden ser muy interesantes en el terreno de la filosofía, pero en cambio tener una moralidad dudosa (me refiero a los modernos, porque los antiguos —como Sócrates o Séneca— pensaban de otro modo). Bacon no sólo se dedicó a la reflexión filosófica sino también a la política, y llegó a ostentar el cargo de Lord Canciller de Inglaterra, algo así como Primer Ministro. Sin embargo perdió su puesto por acusaciones de corrupción, parece que bien fundadas, y hasta pasó una temporada en la cárcel: también fue moderno en esto.

Bacon sostenía que la aplicación mecánica de la lógica aristotélica y su intento de anticiparse a la naturaleza para determinar cómo funciona pero sin observarla realmente funcionar puede hacer que uno gane una disputa verbal pero no que aumente realmente la ciencia ni nuestro control de los hechos naturales. La única forma de llegar a dominar la naturaleza (y eso es lo que, según Bacon, desea el hombre) sólo se consigue observándola y obedeciéndola. Es preciso estudiar lo que sucede, anotar los resultados y hacer experimentos para reforzar las observaciones realizadas: a partir de esa base pueden obtenerse interpretaciones acertadas científicamente. En el verdadero conocimiento no valen la magia ni la invocación a sabios del pasado, sino la experiencia y la paciente constatación de lo que ocurre en el mundo. A su modo, también Sir Francis Bacon fue mártir de sus ideas, porque murió a causa de un enfriamiento contraído cuando hacía pruebas llenando de nieve unas cuantas aves muertas para comprobar si así se retrasaba su putrefacción.

Bacon denunció que la mayoría de los humanos permanecen en la ignorancia porque adoran a determinados ídolos, es decir, falsas opiniones generalmente aceptadas. Hay ídolos de la tribu, compartidos por todos los humanos, y otros específicos de ciertos individuos y ciertas culturas. Entre ellos destaca el propio lenguaje, porque está lleno de palabras como «fortuna», «primer motor», «elemento del fuego» y otras semejantes, que son residuo de teorías falsas pero que no se discuten. Otras palabras, como «húmedo», se refieren a cosas verdaderas pero imprecisas y ambiguas, que pueden ser tomadas en muchos sentidos contradictorios. Otros ídolos, que Bacon llama «del teatro», provienen de las convenciones sociales y de doctrinas antiguas que está mal visto contradecir. Si queremos asegurar nuestra ciencia, es preciso librarnos de todos los ídolos sociales y personales para dedicarnos de lleno al estudio sin prejuicios de la naturaleza. Aunque en la obra de Francis Bacon estas ideas están sólo esbozadas y él mismo no estaba aún libre de muchos prejuicios, ya podemos percibir en sus escritos la voz de la ciencia moderna: y también la determinación de poner el conocimiento al servicio de los objetivos y las ambiciones de los hombres, renunciando a la mera contemplación desinteresada del Universo.

La escena transcurre en la plaza romana del Campo dei Fiori. Puestos callejeros, muy animados. Al fondo, erguida en su pedestal, la estatua altiva de Giordano Bruno.

ALBA.—Empiezo a pensar que esto de la filosofía siempre ha sido un deporte de riesgo.

NEMO.—Lo dices por Giordano Bruno, ¿no?

ALBA.—Por Sócrates, por Tomás Moro... y no sé cuántos más. Al que no lo matan, lo encarcelan o lo destierran. ¡Menudo premio por atreverse a pensar!

NEMO.—¡Brrr, eso de que le quemen a uno vivo debe de ser de lo más desagradable! Yo, desde luego, me hubiera arrepentido, pediría perdón, lo que fuese con tal de escapar de la hoguera. ¡Jo, vaya palo!

ALBA.—Menudo héroe estás hecho...

NEMO.—¿Qué pasa? Soy de la escuela de Erasmo. Si alguien piensa bien y dice lo que hay que decir, resulta más útil vivo que mártir. Ser prudente nunca le sienta mal a nadie...

ALBA.—¿Y cuando no es posible... o decente callarse lo que uno piensa?

NEMO.—¡Oye, guapa, no me agobies! Viva Erasmo y a vivir, como Erasmo: ése es mi nuevo lema. Pero... ¿por qué habrá tanta persecución contra quien piensa a su manera?

ALBA.—Supongo que es porque les tienen miedo.

NEMO.—¿Miedo? Que yo sepa, ni Sócrates ni Giordano Bruno pretendieron nunca matar a quienes les llevaban la contraria.

ALBA.—No me refiero a esa clase de miedo. Lo que pasa es que hay gente que se asusta cuando se ve obligada a dudar de lo que antes creía y empezar a pensar por su cuenta.

NEMO.—Pues que sigan creyendo en lo que les dé la gana sin meterse con los demás.

ALBA.—No es tan fácil. Esa gente necesita que todo el mundo piense igual que ellos para sentirse seguros. Cuando alguien disiente con una idea propia y sabe argumentarla... bueno, entonces se preguntan sin remedio: «Si éste piensa así, ¿por qué creo yo lo que creo?». Y eso les pone muy nerviosos... y agresivos.

NEMO.—Pero no hay otra manera de que vayan apareciendo ideas nuevas en el mundo... Es el único modo de que avancemos, ¿no?

ALBA.—Eso creo también yo. Pero para que avancemos, algunos tienen que jugársela...

NEMO.—Bueno, menos mal que ahora ya no quemamos a nadie por sus ideas, aunque sean diferentes a las de la mayoría.

ALBA.—No sé... ¿estás seguro? Hay muchas formas de silenciar al que razona a contracorriente...

Capítulo 7

El alma y las máquinas

En el terreno del conocimiento, casi siempre se avanza poco a poco. El descubrimiento importante se prepara entre muchos, aunque siempre debe haber uno que se dé cuenta finalmente de que se está iluminando por primera vez algo antes desconocido. La ciencia moderna llegó de la mano de quienes inventaban cosas y de quienes formulaban teorías, pero el paso decisivo se debió a alguien que a la vez inventaba y teorizaba: Galileo Galilei. Este gran sabio se dedicó no sólo a descubrir nuevos conocimientos científicos, sino también a explicar cómo debe investigarse para llegar a tales conocimientos.

Galileo sostuvo que los hallazgos científicos nunca pueden hacerse en el mundo de papel de los libros, aunque los haya escrito Aristóteles o sean las mismísimas Sagradas Escrituras. Hay que aprender a leer en otro gran libro, el de la Naturaleza, que no está compuesto por hojas de papel sino

por árboles, seres en movimiento, mares y estrellas. Dios ha
escrito la Biblia con sermones y
metáforas hechas de palabras,
pero también ha escrito otro
gran libro, el Libro del Universo. Y para conocer este
otro libro hace falta aprender a leer de nuevo, por
medio de la experiencia
y la observación de los
sucesos naturales. Para

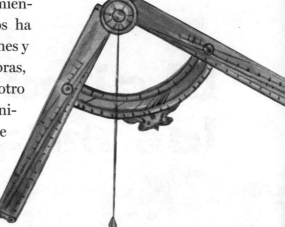

esa nueva lectura necesitamos instrumentos como el telesco-
pio, que Galileo no inventó pero que mejoró sustancialmente,
el cual nos permite «leer» en los cielos más remotos. Gracias
a este aparato Galileo descubrió los tres satélites del planeta
Júpiter y también se convenció de que Copérnico tenía razón: es la Tierra la que gira en torno al Sol, como los demás
planetas, y no el Sol quien se mueve. Su descubrimiento despertó —como ya hemos visto que solía pasar— la indignación
eclesiástica. Galileo tuvo que enfrentarse con un proceso ante
el Santo Oficio inquisitorial, y para no acabar como Giordano
Bruno no le quedó otro remedio que abjurar públicamente
de sus bien probadas teorías. Cuenta la leyenda que una vez
terminado el juicio, dio una patada en el suelo y se le oyó
mascullar: «¡Y sin embargo, la Tierra se mueve!».

Galileo sostenía que el gran Libro del Universo está escrito por Dios con todo lo que existe, se mueve y actúa en la
realidad, pero después de la experiencia que observa, la cla-
ve para comprender ese libro reside en las matemáticas: ci-
fras, relaciones y figuras geométricas. Las matemáticas son la

fórmula para poner en claro lo que nos revela la experiencia y de la combinación de ambas nace la ciencia moderna, que tantos avances importantes ha traído a nuestro mundo.

-ঃ- -ঃ- -ঃ-

También fueron las matemáticas el estudio principal de quien está considerado el primer filósofo propiamente moderno: el francés René Descartes. Estudió con los jesuitas y, aunque no quedó contento con la formación escolástica que recibió, siempre mantuvo amables relaciones con ellos, en especial con el padre Mersenne, que fue su confidente a través de una abundante correspondencia. En aquella época, alistarse en el ejército podía ser una buena forma de viajar y ver mundo: Descartes la utilizó y eso le permitió conocer gran parte de Europa, mientras estudiaba matemáticas y física. Se instaló finalmente en Holanda, en busca de tolerancia y libertad de investigación. Escribió tratados sobre geometría, pero también sobre la luz, el cuerpo o los meteoros. Cuando ya gozaba de cierta fama, la reina Cristina de Suecia —muy interesada por la cultura y las ciencias— le invitó a Estocolmo para que le diera clases particulares. Lo malo es que la única hora que tenía libre la Soberana eran las cinco de la mañana, que no es momento de hacer filosofía, sino de estar bien arropadito en la cama... sobre todo en Suecia, con el frío que hace. Además Descartes nunca había tenido buena salud, de modo que en uno de esos madrugones pilló una pulmonía y se murió. A los filósofos nunca les ha sido demasiado provechoso empeñarse en complacer a los príncipes.

La mayor preocupación intelectual de Descartes fue buscar la certeza en el conocimiento. ¿Cómo podemos alcanzar una seguridad en todos los saberes semejante a la que tenemos en matemáticas? Pero su originalidad fue centrarse en elementos biográficos para indicar el camino —en griego, 'método'— a seguir: antes de dictar normas para todos, contó en primera persona su propia aventura intelectual. Cuenta Descartes que cierta noche estaba sentado junto a una estufa en su campamento militar y de pronto comenzó a dudar de todo lo que había aprendido hasta la fecha. ¿Y si todo lo

que sabía fuera erróneo? ¿Podía estar seguro de algo? «Los sentidos —meditó— me indican ahora que estoy junto a esta estufa, en mi campamento, rodeado de árboles y bajo las estrellas. Pero los sentidos me engañan a veces (por ejemplo, un bastón introducido en el agua parece a la vista que deja de ser recto, etcétera), y cuando estoy dormido veo cosas que me parecen muy reales pero sólo existen en mi imaginación. ¿Y si todo fuese un sueño, tanto la estufa como los árboles, las estrellas... e incluso mi propio cuerpo?

»Desde luego, las verdades de la matemática parecen segurísimas: dos y dos son cuatro, esté dormido o despierto. Pero... ¿de dónde me viene esa certeza? ¿Y si resulta, por ejemplo, que soy la víctima de un demonio burlón, que me hace creer en la aritmética o la geometría porque le divierte verme engañado? Esta suposición es bastante rara, pero tampoco puedo estar seguro de que todo no sea rarísimo...». Descartes estaba hecho un lío. De pronto decidió que, aunque sólo fuera por un rato, iba a dejar de creer en todo aquello que le parecía dudoso: el mundo y las cosas que le rodeaban, su cuerpo, las mismísimas matemáticas... «¿Estás ahí, demonio burlón? ¡Pues no te quedarás conmigo! Bien, ahora ya no me creo nada de nada —pensó Descartes—. De modo que nada hay de cierto, todo es dudoso... ¿Todo?».

Pues no, por lo menos hay algo seguro, segurísimo: y Descartes empezó a sonreír con alivio al darse cuenta. Lo seguro es la duda misma: «¡Caramba, seguro que estoy dudando de todo! Y si dudo es porque estoy pensando: dudo de lo que pienso, pero al menos es imposible dudar de que pienso puesto que dudo. Y si pienso, eso demuestra que existo: soy una cosa que piensa y duda... pero seguro que soy». Por fin había encontrado Descartes algo claro y evidente a partir de

lo que empezar a volver a creer en la realidad. Porque si la evidencia de que existía le resultaba irrefutablemente clara por mucho que dudase de todo lo demás, ese criterio de la claridad y evidencia le podía servir para identificar otras verdades igualmente ciertas que la de su existencia. Por ejemplo, estaba lleno de ideas que le venían de sus sentidos, del mundo, de las cosas, quizá de sus sueños... de todo lo dudoso. Pero tenía la idea de la perfección absoluta y esa idea no podía habérsela sugerido nada de este mundo,
donde todo es imperfecto: de modo que la idea de perfección hace evidente y clara la existencia de un ser absolutamente perfecto, al que llamamos Dios. «Si Dios existe, como resulta evidente, y es perfecto, tiene que ser

bueno, porque la maldad (por ejemplo, las ganas de engañar al prójimo para burlarse de él) son imperfecciones. De modo que Dios evitará que ningún demonio antipático me tome el pelo: puedo confiar en las matemáticas, en mis sentidos y en la capacidad de mi razón. Adelante pues, podemos poco a poco volver a la ciencia y al conocimiento».

Una vez establecidas las primeras reglas para alcanzar seguridad en el conocimiento en su obra más célebre, el *Discurso del método* (que figura desde entonces entre los **top-ten best-sellers** de la historia de la filosofía), Descartes se dedicó a meditar sobre todos los temas imaginables de la metafísica, la física y hasta la psicología (por ejemplo, las pasiones). Estableció una separación radical entre el mundo material (todos los cuerpos), cuya característica principal es la extensión, y el alma, una exclusiva humana caracterizada por el pensamiento inteligente. Los cuerpos materiales, valga la redundancia, se mueven y obran solamente de acuerdo a leyes mecánicas: Dios los puso en marcha de un golpe inicial al comienzo de los tiempos y ellos siguen dale que dale por inercia. Las almas humanas, en cambio, pueden decidir a partir de su libre voluntad. Para Descartes, la conciencia (es decir, la capacidad de experimentar sensaciones, dolor, placer, etcétera) es una exclusiva del alma. Los animales, al no tener alma y ser simplemente cuerpos, funcionan como puras maquinarias: parece que sufren dolores o tienen satisfacciones, pero en realidad son tan incapaces de sentir nada como una lavadora o un microondas. El cuerpo humano es también una máquina: el alma está unida a él a través de la glándula pineal (situada en la base del cerebro) y por eso experimenta lo que en el cuerpo ocurre. En fin, en estas cuestiones las conclusiones de Descartes resultan más dudosas que claras y evidentes... a pesar de su método.

✿ ✿ ✿

El pensamiento de Descartes causó impacto en toda la Europa culta de su tiempo: tuvo partidarios entusiastas, seguidores críticos y adversarios decididos, que también estaban sin embargo influidos por sus teorías. El más destacado de estos últimos fue el inglés Thomas Hobbes. Muchas veces se le ha reprochado a Hobbes su visión sumamente pesimista de la naturaleza humana, concentrada en su aforismo repetido hasta el hartazgo: «El hombre es un lobo para el hombre». En efecto, Hobbes se toma a broma la idea aristotélica de que el hombre es un animal sociable. ¡Sí, sí, sociable... pues vaya! Según él, los hombres son egoístas, depredadores y pendencieros: cuando se reúnen con sus semejantes no buscan más que ridiculizarlos y aprovecharse de ellos. Si de vez en cuando se consigue una sociedad bien ordenada donde la gente puede convivir sin utilizar la violencia contra el prójimo, no es porque los hombres tengan un instinto que los haga sociables, sino al contrario: porque un poder inexorable y absoluto se impone contra las tendencias de la naturaleza humana y consigue domesticarla.

Uno puede entender mejor esta mala opinión sobre el hombre de Hobbes si recuerda que el pensador vivió una época de grandes enfrentamientos y guerra civil en su país, que le obligaron a exilarse temporalmente a Francia (donde se relacionó con Descartes, por cierto). Vivir una guerra civil no fomenta precisamente el optimismo y la confianza en la bondad humana: algo sabemos de este tema los españoles... Por otra parte, Hobbes era un materialista convencido. Está de acuerdo con Descartes en que cada uno de nosotros es una cosa que piensa, pero esa «cosa» nada tiene que ver con un alma o un espíritu, sino que se resume sencillamente en un cuerpo. Nuestros pensamientos provienen de las imágenes que los objetos del mundo y sus movimientos proyectan sobre nuestros sentidos corporales. No hay realidad fuera

Thomas Hobbes

de los cuerpos y toda la dinámica de lo real se debe a movimientos corporales. Lo que no es corpóreo no existe: Hobbes llegó a sostener que también Dios tiene que tener algún tipo de cuerpo material, pues quienes lo imaginan meramente espiritual e incorpóreo están negando sin darse cuenta su existencia.

Pero lo que más interesa a Thomas Hobbes como filósofo no son las cuestiones contemplativas y metafísicas, sino las más decididamente prácticas: o sea, la organización de la convivencia social y la justificación de las instituciones de gobierno. Después de Nicolás Maquiavelo, es el segundo gran pensador político de la época moderna. Para Hobbes, el sistema político deseable puede deducirse casi geométricamente de dos principios o axiomas fundamentales que definen la condición humana: primero, cada individuo humano tiene una avidez natural a gozar él solo de todos los bienes sin compartirlos con nadie; segundo, los individuos humanos están dotados de razón, la cual les indica que deben evitar por todos los medios la muerte como el mayor de los males. Por el primero de estos principios, los humanos tendemos a ser asociales y aprovecharnos del

prójimo; por el segundo, comprendemos que ese comportamiento puede ser muy peligroso y que debemos evitar que se generalice la violencia de todos contra todos.

En una época remota llamada «estado de naturaleza» (que probablemente nunca existió pero que funciona como un mito que nos permite interpretar el presente), los humanos vivían en perpetuo combate unos contra otros para quedarse con los bienes de este mundo. Los más fuertes se llevaban la mejor parte y los débiles tenían que resignarse. Pero todos estaban en peligro, porque hasta el más fuerte duerme de vez en cuando y en su descanso puede ser asesinado por debiluchos astutos y traicioneros. La vida humana era para todos, en términos generales, desagradablemente incómoda, pobre, brutal... y breve. Por eso todos los humanos hicieron un pacto entre sí, del que nació el Estado. Cada cual se comprometía a renunciar al uso de la violencia contra los demás, con tal de que los otros hicieran lo mismo. Se aceptaba un soberano por encima de todos, con poder absoluto sobre ellos, que garantizase los derechos a la vida y a la propiedad de cada cual. Los ciudadanos se comprometían a obedecer sin rechistar la ley del soberano, siempre que ésta garantizase su vida y no les obligase a arriesgarla indebidamente o a vivir en peligro, como en el aborrecible estado de naturaleza. No habría derecho a rebelión ni por motivos religiosos ni por afanes facciosos de otro tipo, salvo si el propio pellejo estaba amenazado: el temor a morir mantendría a los hombres juntos y ordenados, mientras el soberano cumpliese bien y con energía imparcial su cometido. La obra principal de Hobbes se tituló *Leviatán* y la portada de la primera edición mostraba a un hombre gigantesco y coronado formado por miles y miles de hombrecitos como células de su inmenso cuerpo social.

Tanto Descartes como Hobbes intentaron aplicar la nitidez de los razonamientos matemáticos a los problemas filosóficos. Y el mismo camino heredado de Descartes siguió el pensador judío Baruch Spinoza, nacido en Ámsterdam de una familia hebrea exilada —como tantos otros de su religión— primero de España y luego de Portugal. Durante toda su breve y sabia vida (que sólo duró cuarenta y cuatro años), Spinoza no dio más que lecciones de cordura, tolerancia y alegría racional; a cambio obtuvo intransigencia, exclusión y se convirtió durante siglos en uno de los autores más calumniados y malditos de la historia de la filosofía. Los judíos le excomulgaron por hereje y hasta un fanático trató una noche por la calle de apuñalarle, aunque no logró más que rasgarle el manto. Los cristianos le vigilaron como peligroso subversivo y después de

morir profanaron su tumba con pintadas infames. Rechazó honores y cargos académicos para ganarse su modesta subsistencia trabajando en un taller de óptica como pulidor de lentes. La claridad del cristal y la lucidez de la visión ocuparon su vida, no la ambición, el odio ni el temor.

Spinoza se considera discípulo de Descartes, pero no se dedica simplemente a repetir sino que procura enmendar aquellas partes del pensamiento del maestro que le parecían erróneas. Descartes mantuvo una separación radical entre los cuerpos, regidos por la necesidad mecánica, y las almas, dotadas de libre albedrío. Spinoza pretende acabar con esta dualidad, porque le parece que supondría en la realidad dos reinos distintos, inexplicablemente superpuestos y coordinados. En su pensamiento —que expone en una obra titulada *Ética demostrada de modo geométrico,* que nunca llegó a ver publicada— sostiene que todo lo real está formado por una única **sustancia**, causa de todo lo que existe y no causada a su vez por nada, a la que podemos llamar Naturaleza o, si lo preferimos, Dios. Cuanto existe es un modo o forma peculiar de esa sustancia, lo mismo que cada una de las olas del mar sólo es una modificación más o menos efímera del inmenso conjunto de agua. Esa sustancia universal, llámesele natural o divina, tiene infinitas características o atributos, la mayoría de las cuales ni siquiera podemos imaginar: pero al menos conocemos dos, la extensión y el pensamiento. La extensión está formada por los cuerpos, el pensamiento por las ideas, ambos coordinados y sometidos al mismo orden necesario. Cuando queremos entender los cuerpos debemos seguir la cadena causal que los une entre sí, y para entender las ideas debemos aplicar esa misma norma al modo que unas derivan de otras.

El ser humano está formado por su cuerpo, que pertenece al atributo de la extensión, y por la idea o alma de ese mismo cuerpo, la cual es un modo del atributo del pensamiento. El alma es una idea múltiple, formada por la multitud de ideas variables que responden a cada uno de los múltiples estados de nuestro cuerpo, que cambia de acuerdo con la influencia que sobre él ejercen los demás cuerpos existentes. La mayoría de esas ideas son confusas o imperfectas, porque responden sólo a los movimientos de nuestro cuerpo pero ignoran el resto de la dinámica que mueve a todos los demás. Si nuestra alma sólo se dirige por las percepciones sensibles y la imaginación que se basa en ellas, nunca tendremos una visión clara y concluyente de la realidad. Pero si logramos sintonizar con ideas universales y eternas, como la sustancia misma, alcanzaremos la verdad y nos alzaremos sobre el abrumador barullo de los minúsculos y cambiantes errores cotidianos.

Un error, por ejemplo, es creer que el hombre es «libre» como si fuera una especie de reino aparte, no sometido al resto de la sustancia universal y su orden necesario. No somos libres de inventarnos una naturaleza propia a nuestro

Baruch Spinoza

gusto, ni un cuerpo que funcione como nosotros queramos. Yo soy «libre» de elegir entre la carne o el pescado a la hora de comer y entre el agua o el vino cuando tengo sed, pero no soy «libre» para comer clavos o beber lejía porque mi cuerpo no lo soportará; si quiero salir de casa y vivo en un sexto piso, puedo optar por bajar por la escalera o por tomar el ascensor, pero no por echar a volar por la ventana como un pajarito. De modo que cuanto más me deje llevar por los caprichos de mi imaginación, alentada por ideas confusas, menos libre seré, o sea: menos haré lo que me conviene y necesito, más

me arrastrará lo que no soy yo, lo que me rodea... Y cuanto mejor comprenda por medio de ideas verdaderas lo que soy yo y lo que es el mundo, mejor entenderé mis necesidades y actuaré en consecuencia. Ser verdaderamente libre —no en la ilusión— es aceptar la necesidad de lo que soy.

Lo mismo pasa con lo que llamamos «Bien» y «Mal». En la sustancia universal o Dios no hay ni bien ni mal, porque todo es necesariamente como tiene que ser. Pero los humanos creemos que somos algo especial en la naturaleza y que todo lo que existe debe complacernos y servirnos, de modo que a veces nos enfadamos con ciertos aspectos de la realidad y decimos que están «mal» y en cambio nos ponemos contentos con otros, a los que elogiamos asegurando que están «bien». Chiquilladas... Si estoy nadando en el mar y me encuentro con un gran tiburón blanco, diré que es un bicho muy «malo», y en efecto, a mí no me hará ningún favor. Pero en cambio yo seré algo «bueno» para el tiburón, porque le resolveré la comida del día: y el tiburón es parte también de Dios, ni mejor ni peor que yo. De modo que lo bueno y lo malo son calificaciones que sólo tienen sentido cuando se refieren a lo que me conviene a mí, pero no en términos absolutos.

El ser humano está sometido a **pasiones**, es decir, a lo que nos pasa por influencia del resto del Universo. Por ejemplo, amo lo que me parece bueno y odio lo que creo que es malo, de acuerdo con lo que hemos dicho. Todas las pasiones se basan en ideas confusas, pero no todas son iguales: hay pasiones alegres, como el amor, que aumentan nuestra capacidad de actuar de acuerdo con nuestra naturaleza, y pasiones tristes (el odio, la envidia, el remordimiento, etcétera), que nos alejan de hacer lo que nos conviene y nos llevan por el camino más perjudicial. No hay nada mejor para el hombre que la **alegría**, sobre todo cuando se purifica de la confusión habitual y responde a una idea verdadera, universal y eterna de lo que es la sustancia de la que formamos parte: a eso Spinoza le llama «amor a Dios».

Por su naturaleza, el ser humano está hecho para vivir en compañía y armonía con sus semejantes. Nada puede ser más útil para un hombre que otro hombre, aunque haya tantos malos y equivocados por sus pasiones. El sabio —es decir, el hombre libre que sabe lo que de veras necesita— siempre preferirá vivir en la ciudad entre sus semejantes que solitario en la selva o en lo alto de un monte, sin más compañía que algún oso. Para vivir «en la naturaleza» no hace falta ni salir de casa, porque todo forma parte de ella: la mesa, el televisor o el semáforo igual que el árbol, la estrella o el río. De modo que la naturaleza del hombre es vivir en sociedad y no es verdad que los hombres sean unos enemigos o rivales de otros, como cree Hobbes: eso es sólo efecto de pasiones tristes e ideas confusas. El Estado no debe atemorizar a los hombres, sino garantizar su libertad, o sea, la posibilidad de que actúen de acuerdo con su naturaleza. Y como en nada actúa tan propiamente el alma humana que en la búsqueda del conocimiento y la verdad, el Estado debe fomentar la libre investigación y discusión de las ideas, evitando poner su fuerza al servicio de la intransigencia obtusa, la superstición o la inquisición que prohíbe pensar al vecino. ¿Queda claro ahora por qué Spinoza fue tan odiado por los tristes y considerado el peor enemigo por quienes suponen que Dios es una especie de tirano tan supersticioso e incapaz de razón como ellos mismos?

⇥ ⇥ ⇥

Frente a Spinoza se alzó otro filósofo que comprendió bien la importancia de su pensamiento pero optó por defender tesis opuestas, al menos en parte: Gottfrid Wilhelm Leibniz. Eran caracteres muy distintos: Leibniz era un hombre de mundo, se movía como pez en el agua en la corte, sabía halagar a los poderosos y no desdeñaba las subvenciones que le permitiesen vivir sin agobios. Pero no era ni mucho menos uno de esos gorrones pisaverdes que vemos mariposear en torno a príncipes y ministros: tenía un talento extraordinario y lo utilizó en los campos más diversos, como las matemáticas (descubrió el cálculo infinitesimal), la lógica, la teología, la historia y también la política (fue un avanzado en intentar una unión entre los reinos europeos). En cierta ocasión visitó a Spinoza en su taller holandés, pero casi clandestinamente, y luego negó todo el asunto: no quería verse relacionado con ese peligroso judío que le fascinaba y cuyo genio era de los pocos capaces de entender.

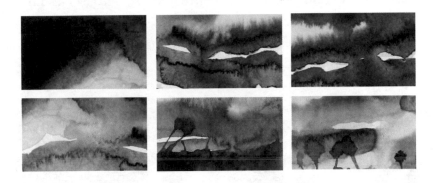

Leibniz también creía en un orden del mundo, pero no geométrico y necesario como el de Spinoza sino espontáneo y libre. Por supuesto, aunque a la mirada superficial parezca caótico y absurdo, todo en el Universo responde a un propósito: es algo parecido a esos entretenimientos de los periódicos, que ofrecen una serie de puntos aparentemente dispersos pero a los cuales puede unirse con una línea —consciente de su ordenamiento— para representar un rostro o cualquier otra imagen. Dios es el diseñador secreto y voluntario de ese orden que a veces se nos escapa. Para Dios no existe la necesidad, porque es perfectamente libre, sino la **posibilidad**, es decir, el conjunto de alternativas entre las que su voluntad creadora elige. Y como además de omnipotente es bueno, el proyecto de Universo que ha realizado es el mejor de todos los posibles. A nosotros, que sólo somos capaces de ver una pequeña parte del conjunto, desde luego no nos lo parece: ¡Cómo va a ser este mundo lleno de guerras, enfermedades e injusticias el mejor posible! Pues sí, lo es para quien considera la totalidad, del mismo modo que un cuadro es mejor cuando incluye sombras y no sólo luces, colores oscuros y no sólo brillantes. Por ejemplo, Dios podría haber hecho a todos los seres humanos obligatoriamente buenos, pero eso les hubiera robado su libertad. Es mejor que sean libres, aunque por ello elijan a veces hacer fechorías. La posibilidad del mal mejora al mundo, según Leibniz.

En el universo de Leibniz, nada está hecho mecánicamente y en serie, porque todo es individual y único. No hay dos seres iguales, ya que si fuesen exactamente iguales serían el mismo. Toda la realidad está compuesta de **mónadas,** una especie de átomos espirituales, simples, que no tienen extensión ni por tanto partes divisibles. Cada una de las mónadas es distinta a las demás y todas han sido creadas directamente por Dios, que también es el único que puede destruirlas. Las mónadas son como pequeños mundos completos y cerrados en sí mismos: no tienen ventanas, es decir, comunicación unas con otras, y sin embargo todas están coordinadas y cada una incluye dentro de sí la representación más o menos confusa —ya hemos dicho que todas son diferentes— del conjunto universal. ¿Cómo puede suceder tal concordancia? Precisamente por lo que Leibniz llama «armonía preestablecida determinada por Dios». Imaginemos dos relojes que marcan siempre la misma hora: el ingenuo creerá que uno influye en otro, pero el sabio comprende que han sido puestos en hora por el mismo gran Relojero. De modo que los cuerpos se rigen por mecanismos materiales y las mónadas espirituales responden exactamente a ellos porque el Creador ha decidido esta coordinación automática entre unos y otros, desde el primer día de la creación y para siempre.

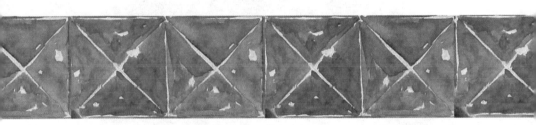

Un discípulo de Descartes muy diferente a los otros fue el francés Blas Pascal. Al igual que Descartes o Leibniz destacó como gran matemático (y precoz: se dice que siendo aún niño inventó por sí solito los principales axiomas de la geometría), pero su principal preocupación fue la fe en el más allá y la posible salvación eterna del alma. Precisamente abandonó el estudio de las matemáticas, en el que tanto destacaba, porque le pareció que a pesar de ser una ciencia clara y exacta no le facilitaba la **comunicación** con los otros seres humanos. Para comunicarnos a fondo con los demás (y también para comprendernos mejor a nosotros mismos) no basta la razón: también hacen falta fantasía, imaginación, sensibilidad, angustia... y finalmente la fe. Como buen cartesiano, Pascal utiliza el método racionalista, pero es precisamente el racionalismo el que le lleva a desconfiar de la razón.

A Pascal no le preocupa principalmente el conocimiento o la ciencia por sí mismos, sino la condición humana. ¿Qué es el hombre? Alguien situado entre dos infinitos, lo infinitamente grande del Universo y lo infinitamente pequeño de las moléculas y átomos. Y no podemos conocer del todo ni lo uno ni lo otro, porque estamos limitados por una inteligencia y una experiencia finitas, que apenas pueden vislumbrar

esas infinitudes que nos rodean. Sin embargo, la dignidad del hombre es su capacidad de reflexionar: somos una frágil caña que cualquier viento cósmico puede tronchar, pero una caña que piensa. Somos criaturas miserables, pero al menos sabemos que somos miserables; tenemos una conciencia de lo que somos de la que carecen los árboles, los huracanes o las estrellas. El infinito Universo puede con toda facilidad destruirnos, pero no arrebatarnos esa dignidad intelectual que en cierto sentido nos hace superiores a lo que nos destruye. Se equivocan quienes sólo hablan de la grandeza humana, porque ignoran nuestra pequeñez ante los infinitos espacios cuyo silencio eterno sobrecoge nuestro corazón; pero también quienes se deleitan en detallar nuestras patentes limitaciones y miserias, porque omiten mencionar que la conciencia de ellas es noble y elevada. Dice Pascal: «Yo reprendo igualmente a los que toman el partido de alabar al hombre y a los que toman el partido de injuriarlo y a los que toman la resolución de desentenderse. Yo no puedo aprobar sino a quienes buscan gimiendo».

El ser humano no es ni un ángel ni una bestia: y quien se empeña en hacerse el angelito termina por ser más bestia que los demás (a veces el severo Pascal hace gala de un feroz humor negro...). Como no podemos evitar los males de nuestra condición —la muerte, el dolor, la ignorancia, etcétera—, la mayoría de los hombres se refugian en la **diversión**, es decir, en cuanto nos aleja de reflexionar sobre lo que somos y los que nos pasa: nos atontamos con juegos, comedias, charlas intrascendentes, ambiciones ridículas de poder o riqueza, enemistades guerreras con los vecinos, etcétera. Todo menos quedarnos a solas con nosotros mismos y pensar verdaderamente en lo que podemos esperar... o temer. Y aquí interviene para Pascal la fe. Por supuesto, la fe en Dios salvador y en la otra vida no es una certeza evidente ni indudable: aún menos algo que se pueda alcanzar a través de razonamientos y demostraciones. Se parece más bien a una apuesta. El creyente se apuesta su vida a que Dios existe y que la práctica religiosa puede rescatarle de la muerte y la insignificancia. Si se equivoca y pierde, piensa Pascal que no desperdicia gran cosa porque las riquezas y placeres de este mundo no valen a fin de cuentas mucho la pena. Pero si acierta y gana, conquistará nada menos que una eternidad feliz al precio de unos cuantos años de austeridad y caridad sobre la tierra.

Otro de los hijos díscolos de Descartes (es decir, que aprendió mucho de su filosofía pero se rebeló contra él) era el napolitano Gian Battista Vico. Fue un autor a veces confuso y algo caprichoso pero profundamente original. También Vico se opuso a la idea geométrica del conocimiento como evidencia racional que tenía Descartes. Los humanos estamos vitalmente seguros de muchas cosas que no podemos demostrar ni resultan evidentes en el sentido matemático del término: no es lo mismo lo verdadero, que es imprescindible para la razón, que lo **cierto**, que es indispensable para la vida. En la mayoría de las cuestiones cotidianas no podemos aspirar a un conocimiento claro y distinto de todas las circunstancias: si esperamos a tenerlo y mientras tanto no hacemos nada, vamos listos. Constantemente tenemos que actuar, la vida lo exige, y para la acción lo importante no es la verdad clara y distinta, sino lo **probable**. En el fondo, conocer algo completamente supone saber hacerlo, y por eso la naturaleza sólo la puede conocer del todo Dios, que es su Autor. El ser humano, en cambio, sólo puede tener ideas limitadas y abstractas de los sucesos naturales o de sí mismo, pues nada de eso es obra suya, pero en cambio comprende perfectamente las matemáticas porque las ha inventado él.

Pero hay otra cosa que los humanos van haciendo, a tientas y de manera problemática: es la **historia.** La gran aportación de Vico es convertir la historia en cuestión central de la filosofía moderna. La historia es la búsqueda de la Ciudad Ideal, de la comunidad perfecta en que los hombres puedan vivir de manera plenamente armónica. A lo largo de los siglos se va desplegando la larga marcha que lleva al hombre desde su caída y su pecado original en el paraíso hacia

una nueva condición feliz. Lo que cuenta en la historia no es constatar lo que **fue, es** y **será,** sino lo que **debió, debe** y **deberá ser,** es decir, la valoración de los acontecimientos. Desde luego, esa marcha hacia lo mejor no siempre es impulsada por motivos nobles o desinteresados, porque los humanos actuamos llevados por afanes egoístas o estrechos, pero a pesar de todo la Providencia hace avanzar la sociedad. Tampoco ese avance es lineal e inexorable —Vico no cree en un progreso constante como otros pensadores del siglo siguiente—, sino lleno de atascos, retrocesos y a veces tropiezos irremediables.

Según Vico, el avance histórico pasa por ciclos que comienzan a tientas, alcanzan su auge y después entran en decadencia para dar paso al ciclo sucesivo. Los describe con detalle —a veces, con demasiados detalles y digresiones— en su gran obra que tituló *Ciencia Nueva*. Primero vino la «edad de los dioses», es decir, las comunidades primitivas centradas en la autoridad del cabeza de familia y en el temor de Dios. Luego llegó la «edad de los héroes», basada en

la preeminencia aristocrática de los más valientes y audaces, para dar paso después a la «edad de los hombres», en la que ahora estamos, donde se extiende el pensamiento más maduro pero no sólo en el plano de la razón geométrica sino también, y muy especialmente, en la sabiduría *poética*, pues la poesía es una capacidad distinta de lo meramente intelectual que nos permite recuperar las antiguas formas primitivas de conocimiento y prolongarlas fructuosamente hasta nuestro presente. En efecto, la forma más compleja de conocimiento es la filosofía, pero a ella sólo se dedica una minoría, por lo que la poesía y las religiones son imprescindibles para que la multitud humana conozca —aunque sea de modo impreciso— los ideales y tienda hacia ellos.

También en Inglaterra tuvo Descartes un estudioso ilustre y por tanto en parte discrepante: John Locke. Pero en Locke la influencia de Descartes estuvo contrastada con la de su compatriota Thomas Hobbes. Al igual que este último, Locke no sólo se dedicó a la filosofía meramente teórica, sino también, de forma más práctica, a la política. Y conoció los altibajos de las luchas partidistas: padeció de manera más bien preventiva el exilio en Francia y Holanda, hasta convertirse finalmente en una respetadísima e influyente personalidad de su país. Precisamente, una de sus primeras obras fue su *Carta sobre la tolerancia,* en la cual defendía esta imprescindible virtud democrática en una época zarandeada por enfrentamientos y persecuciones religiosas... que terminaban por convertirse en luchas civiles.

Locke siguió la tradición empirista de los pensadores británicos, inaugurada por Francis Bacon, proseguida por Hobbes y que de un modo u otro llega hasta hoy mismo. Para Locke, como para Descartes, el objeto del conocimiento humano son las ideas, pero para él no hay más ideas en nuestro entendimiento que las que provienen de la experiencia. Sin la información sensorial sobre la realidad del mundo que aportan nuestros sentidos, nuestra mente permanecería en blanco como una página sobre la que nada ha sido escrito. Pero la experiencia de los sentidos no nos proporciona más que las ideas simples, las más elementales de todas: formas, colores, sonidos, reposo o movimiento y también el placer, el dolor, la unidad o la existencia misma de las cosas, lo que hay y lo que no hay. A partir de esas ideas simples se forman por medio de los mecanismos de combinación, yuxtaposición y análisis las ideas más complejas, esenciales para las formas más sofisticadas y científicas de nuestro saber. El entendimiento humano lo recibe todo de la experiencia pasivamente, pero luego actúa y relaciona las ideas recibidas unas con otras. Gracias a

ello acuñamos conceptos de lo universal y general, que se hacen patentes por medio del lenguaje y que sólo existen como términos en él: a partir de lo particular, que es lo único que nuestros sentidos encuentran en el mundo real, llegamos a los términos universales del lenguaje, que expresa nuestras ideas más complejas.

También teorizó Locke sobre las cuestiones políticas, tratando de establecer cómo deberá ser la mejor forma de gobierno. Sus reflexiones siempre están llenas de buen sentido y moderación, aspirando a una defensa firme pero socialmente ordenada de las libertades individuales. Fue el primero que apuntó a la separación de poderes, pues según él debe existir un poder legislativo parlamentario que establezca por mayoría las leyes y luego un poder ejecutivo que las ponga en práctica de manera efectiva. Y también concedió por primera vez importancia a la **educación** de los ciudadanos, rechazando los castigos corporales que entonces —y aún luego, durante mucho tiempo— estaban vigentes en las escuelas y propugnando que se educase no sólo en conocimientos objetivos sino también formando a personas capaces de vivir so-

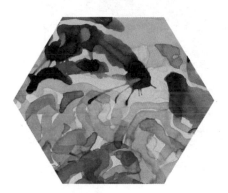 

cialmente con los demás y de ser influidos por la aprobación o desaprobación razonada de sus conciudadanos.

⚬ ⚬ ⚬

Nemo y Alba están sentados ante una pizarra llena de símbolos geométricos, jugando con un gato.

NEMO.—De modo que todos estos sabios son más o menos racionalistas... pero cada uno entiende la razón a su modo.

ALBA.—Pues sí. Que si la razón es geometría, que si es experiencia, que si necesita imaginación y poesía, que si debe ocuparse de la verdad, o de la probabilidad o de... ¡yo qué sé!

NEMO.—¡Y no te olvides de Pascal! Si no le entiendo yo mal, dice que la razón es muy útil para darse cuenta de que al final no te puedes fiar de ella y es mejor la fe. ¡Toma castaña!

ALBA.—Puede que todos acierten en parte, cada cual a su modo. ¿Te acuerdas de los ciegos que se encontraron con un elefante?

NEMO.—A ver qué chorrada inventas ahora.

ALBA.—De chorrada nada, monada.

NEMO.—Será mónada, que estamos con Leibniz...

ALBA.—¡Ay, pero qué gracioso eres! Luego cuando esté sola me río, te lo juro. Bueno, a lo que iba. Unos ciegos tropezaron con un elefante y empezaron a tocarle para ver qué era. El primero le tocó la trompa y dijo que se trataba de una serpiente. El segundo le palpó la pata y se quedó convencido de que era un árbol. El tercero tanteó el corpachón y aseguró que habían dado con un muro. Y el último le agarró la cola y se rió de lo tontos que eran los otros, pues lo que habían encontrado era una cuerda... Pero en realidad todos estaban hablando de lo mismo.

NEMO.—Qué paciencia tenía ese pobre elefante... Yo más bien creo que la razón es como esos chismes que llevan los excursionistas: lo abres y por un lado sale una navaja, por otro un sacacorchos, por otro una lupa o un abrelatas y todo así. La razón nos sirve para todo, pero tiene formas distintas según el uso que queremos darle.

ALBA.—Bueno, yo sigo con mi paquidermo: ¿cómo puede ser que a Descartes los animales le pareciesen máquinas?

¿A alguien le puede parecer que el elefante es un aparato sin vida? ¿O un perro? O este gatito... vaya absurdo.

NEMO.—Es verdad que parece imposible pensar que los gatos, perros, elefantes o tigres son máquinas. En otros casos, en cambio... Hace tiempo leí una novela de ciencia ficción en la que una nave terrícola llegaba a un planeta desconocido y los tripulantes eran atacados por un enjambre de insectos voladores... que luego resultaban ser diminutos robots. A mí no me resultó eso tan raro.

ALBA.—Sí, pero los robots los hacemos nosotros y no la naturaleza. Aunque claro, bien mirado... por dentro estamos todos llenos de tuberías, válvulas y cosas así, como las máquinas.

NEMO.—Sin embargo el alma...

ALBA.—¡Ay, sí, el alma! Ésa es otra... que viene a complicarlo todo.

Capítulo 8

¡Hágase la luz!

En todas las épocas hay personas que deciden aceptar y respetar la interpretación del mundo que les ofrecen los demás, o sea, sus padres, los antepasados, los sacerdotes, los profesores o las autoridades que gobiernan. Podemos llamarles en sentido amplio «creyentes», porque se creen lo que les enseñan esos venerables maestros sociales. Su comportamiento es semejante al de los niños, dado que mientras somos pequeños no tenemos más remedio que creer lo que nos cuentan los adultos para ir aprendiendo poco a poco cosas del mundo. Mientras fuimos niños, todos éramos creyentes, qué remedio. Podemos decir que quienes siguen siendo «creyentes» cuando crecen es porque eligen en cierta medida ser niños toda la vida... Resulta más cómodo, más tranquilizador, se busca uno menos problemas.

Otras personas, en cambio, dejan de ser creyentes en cuanto se van haciendo mayores. Deciden pensar por sí mismas y poner en cuestión lo que les han enseñado, en lugar de creérselo a pies juntillas. Estudian la realidad, atienden a lo que les demuestra su experiencia, contrastan opiniones distintas y aun opuestas a lo que predicaron sus mayores, etcétera. Y, sobre todo, se fían más de sus razonamientos que de las lecciones recibidas, por muy venerables que sean. Algunas veces, después de todo, llegan a la misma conclusión que les habían enseñado sus mayores, pero ya no la aceptan porque viene de la temida autoridad, sino porque ellos mismos han sido capaces de pensarla como verdadera. En otros muchos casos, en cambio, descubren que las viejas creencias eran falsas y que hay que sustituirlas por otras mejor fundadas, o al menos plantear dudas razonables. Esto suele traerles problemas, porque los creyentes les llamarán «herejes», «impíos», «subversivos» y no sé cuántas cosas más. Yo les llamaría simplemente «pensantes». La batalla de las ideas se libra entre «creyentes» y «pensantes».

En unas épocas predominan claramente los primeros, pero a veces son los segundos quienes se imponen a fin de cuentas. Sin duda, en la Edad Media ganaron los creyentes por goleada; después hubo empate durante mucho tiempo y en el siglo XVIII fueron los «pensantes» quienes dominaron el marcador. A ese siglo se le ha llamado «el de las Luces» y también la época de la Ilustración. Fue un momento histórico en que muchos hombres renunciaron a seguir siendo intelectualmente como niños y se lanzaron a la aventura de un pensamiento que no reconocía autoridades infalibles ni tradiciones que no se pudieran discutir; su divisa fue «¡Deja de creer y atrévete a saber!». El resultado de esa aventura y de los caminos revolucionarios de conocimiento que inauguraron en la ciencia, la política y la filosofía ha configurado nuestra modernidad.

La Ilustración consiste en la aplicación del análisis racional a los enigmas de la naturaleza y a los problemas de la convivencia humana. Las tradiciones dejan de tener peso en la argumentación y lo sobrenatural es visto sencillamente como una superchería o una superstición. La religión misma no resulta completamente abandonada, pero debe renunciar a sus aspectos maravillosos (milagros y demás) para reducirse a la enseñanza moral (un avanzado de la Ilustración inglesa, John Toland, escribió un libro titulado *Cristianismo no misterioso*). Por supuesto, los clérigos y sus sermones no son bienvenidos en cuestiones de ciencia o política y se denuncia la intolerancia (es decir, la hostilidad y persecución contra el que piensa de forma diferente) como el primer pecado social.

Unos cuantos años antes, a los ilustrados los habrían quemado en la hoguera sin contemplaciones. En el siglo XVIII no padecieron una suerte tan trágica, aunque bastantes de ellos no se libraron de la cárcel o el exilio. E incluso de alguna paliza, como la que le dieron a Voltaire. Sin embargo, contaron con un público incipiente que les leía y apoyaba. Durante siglos, las enseñanzas de los filósofos no llegaban más que a los estudiantes (si eran profesores en la universidad), a otros colegas de su mismo oficio con los que intercambiaban charlas o correspondencia y, en el mejor de los casos, a alguna figura de la nobleza que por excepción no se dedicaba solamente a la caza y a la guerra, como el resto de su clase arrogante y analfabeta. Pero en el Siglo de las Luces la extensión de las pequeñas empresas editoriales, el nacimiento de las primeras gacetas o periódicos y hasta el comienzo del correo público (¡qué importante fue para la cultura la aparición del sello de correos, algo así como el Internet de la época!) favorecieron que muchas personas de clase media conocieran y se interesasen por las nuevas ideas: comerciantes, abogados, maestros, artesanos, militares retirados y también señoras cultas, porque por fin la mujer —al menos en las clases altas de ciertos países— empezó a ser educada convenientemente. Toda esa nueva gente se interesó por las enseñanzas ilustradas y consiguió con su apoyo que no fuesen aplastadas por sus enemigos inquisitoriales.

Para la mayoría de los pensadores ilustrados, «conocimiento» equivale a «ciencia física». Y el modelo de científico que hace gran ciencia como es debido tiene un nombre: Isaac Newton. Un poeta ilustrado inglés, Alexander Pope, llegó a decir (con un punto de humor, eso sí) que Dios no dijo: «Hágase la luz» sino «Hágase Newton», y así llegó la luz al mundo. El método de Newton es en realidad una prolongación triunfal del inaugurado —con los tropiezos inquisitoriales que ya fueron señalados— por Galileo Galilei. Nada de inventar hipótesis generales de cómo deben ser los asuntos del Universo para dar gusto a la teoría y luego explicar los hechos particulares de modo que no tengan más remedio que confirmarlas. Newton dice: «Yo no me invento hipótesis». En cambio, observa los hechos particulares, los somete a regularidades matemáticas y poco a poco va llegando a los primeros principios de la realidad. Así descubre la teoría de la gravitación universal, que bajo una sola ley física da cuenta de fenómenos tan aparentemente diversos como el movimiento de los astros, la caída de los cuerpos, las mareas, etcétera. Pero tampoco con ese descubrimiento pretende Newton desentrañar la esencia de los fenómenos universales, es decir, **lo que son,** sino que se contenta con ofrecer una descripción adecuada y suficiente de cómo funcionan. La mayoría de los ilustrados dará por sentado que éste es el camino adecuado para conocer poco a poco y sin delirios metafísicos, logrando además hallazgos teóricos de enorme importancia. Lo curioso es que el propio Newton no se contentó con lo que recomendaba, porque introdujo elementos más «creyentes» que «pensantes» en su sistema y sacó a veces consecuencias teológicas de sus descubrimientos estrictamente científicos. Bueno, nadie es perfecto... ni siquiera sir Isaac Newton.

❧ ❧ ❧

Uno de los mayores admiradores de Newton fue también el representante más conocido y combativo de todo el Siglo de las Luces: el francés François-Marie Arouet, que eligió como **nom de guerre** (y en su caso lo fue, sin duda) el de Voltaire. Vivió muchos años y escribió aún más en los géneros más diversos: poesía, teatro, historia, filosofía, narraciones... y miles de cartas, porque mantuvo correspondencia con las personalidades más diversas de su tiempo, desde príncipes hasta señoras aburridas pero ingeniosas. La biografía de Voltaire está rodeada de admiraciones rendidas y odios feroces: como era un espíritu profundamente irónico y con gran habilidad y gracia para encontrar el lado ridículo de muchas actitudes o creencias frecuentes en su época, se ganó bastantes enemistades pero también gran número de lectores entusiastas. Unos versos satíricos atrevidos contra el regente de Francia le valieron unos cuantos meses en la Bastilla, la prisión de París. Después se enfrentó a un noble poderoso que había ofendido a una actriz amiga suya y se ganó una soberana paliza que le propinaron los criados del rencoroso aristócrata. Entonces se escapó a Inglaterra para evitar más problemas. Ese viaje cambió su vida.

Encontró en Gran Bretaña una sociedad mucho más tolerante con las opiniones religiosas que la francesa: «Cada inglés va al cielo por el camino que prefiere», comentó admirado. También le pareció estupendo que los ingleses celebrasen mucho más a un sabio como Newton —que acababa de morir y cuyos funerales movilizaron a todo el país— que a teólogos o personajes de la corte. Los ingleses sometían a su rey al control del Parlamento (ya habían cortado la cabeza a uno anterior por no dejarse controlar), cultivaban la ciencia y los conocimientos prácticos, incluso tenían un teatro mucho más emocionante y menos rígido que el francés. Aunque a

François-Marie Arouet, Voltaire

Voltaire le parecía que escaseaba en buen gusto, no dudaba de que Shakespeare era un poeta dramático de primer orden y se encargó de hablar de él a los franceses que le ignoraban. En Inglaterra conoció también la obra del gran maestro de la sátira Jonathan Swift, el autor de *Los viajes de Gulliver,* cuyos cuentos fantásticos con intención crítica iban después a servirle de modelo. Probablemente Voltaire idealizó bastante a Inglaterra en las *Cartas filosóficas,* que escribió para contar lo que había descubierto allí, pero a través de ese modelo expresó sus propios ideales para orientar la transformación social de Francia y del resto de Europa.

Para Voltaire, lo importante era mejorar la vida humana y alcanzar la felicidad de la mayoría, no desentrañar los misterios del Universo. La filosofía tenía, a su entender, una dimensión fundamentalmente práctica: era un arma para combatir las supersticiones, la ignorancia y las diversas formas de fanatismo. Voltaire luchó sobre todo contra la intolerancia, contra todos los que quieren imponer sus creencias a los demás al grito feroz de «¡Piensa como yo o muere!». Abogó por la humanización del sistema penal y por la desaparición de la tortura y la pena de muerte, siguiendo así los pasos de otro ilustrado, el italiano Cesare Beccaria, autor de la obra *De los delitos y las penas* sobre la reforma de la justicia. Hacia el final de su vida, convertido ya en una figura de referencia en toda Europa, Voltaire intervino para aclarar errores judiciales y condenas injustas de inocentes. Se las arreglaba muy bien para movilizar a la opinión pública —que empezaba a nacer en aquella época— por medio de panfletos anónimos (que todo el mundo sabía que eran obra suya) y breves parábolas llenas de malicia, a la vez eficaces y divertidas. Así inventó la figura moderna del **intelectual,** cuya autoridad moral no depende del poder político o académico, sino de la influencia que ejerce sobre la sociedad a través de sus escritos.

Aunque fue sumamente crítico contra el clero y sus pretensiones de influir en la vida política o moral, Voltaire no adoptó una actitud francamente atea o materialista (como otros ilustrados franceses: Helvetius, el barón D'Holbach o La Mettrie, que escribió una obra significativamente titulada *El hombre máquina*). Se consideraba «deísta», es decir, creía en un Dios que organiza la naturaleza como un relojero supremo da cuerda a su inmenso mecanismo y a la vez garan-

tiza unas normas morales universales, basadas en la benevolencia y la solidaridad entre los humanos, que nada tienen que ver con las prohibiciones locales de comer tales alimentos o cubrir ciertas partes del cuerpo, ni mucho menos con la barbaridad de quemar vivos a quienes no comparten nuestros caprichos teológicos. A fin de cuentas, la idea de Dios le parecía a Voltaire socialmente útil, y esa utilidad era mejor argumento a su favor que las cinco vías de santo Tomás.

En su gran obra sobre historia universal, el *Ensayo sobre las costumbres,* Voltaire inicia un camino nuevo: en primer lugar, no sólo habla de los grandes logros culturales de Europa (a la que deseaba utópicamente reunida, pues decía que «Europa era una nación hecha de naciones»), sino también de los conseguidos en países remotos como China o India.

Pero además, como han hecho luego los historiadores más recientes, ya no reduce su crónica a batallas y coronaciones de monarcas, sino que habla de descubrimientos científicos y otros logros intelectuales o sociales. A pesar de muchos tropiezos y retrocesos, piensa que la razón se va abriendo paso poco a poco en el mundo moderno contra supersticiones y tiranías: hay un cierto progreso en la humanidad. Sin embargo, su optimismo es muy relativo. Precisamente su narración más célebre, *Cándido,* cuenta las desventuras de un joven ingenuo que se cree las enseñanzas de su preceptor —un seguidor de Leibniz convencido de que el nuestro es «el mejor de los mundos posibles»— hasta que la evidencia trágica de la maldad humana y los desastres de la historia se encargan de desengañarle. Por encima de todo, Voltaire fue un enamorado de la vida —maravillosa, dramática y contradictoria— que concluyó uno de sus poemas con esta declaración rotunda: «El paraíso terrenal está donde yo estoy».

Sin embargo, la primera gran figura de la Ilustración en Francia —cronológicamente anterior al propio Voltaire— es Charles-Louis de Secondat, barón de Montesquieu. Su primer libro, las *Cartas persas,* es una sátira: a través de la visión extrañada del joven persa Usbek, que viaja a París, Montesquieu critica con humor la forma de vida que todos consideraban allí entonces «normal», sin percibir sus absurdos e intransigencias (todos solemos creer que nuestra manera de vivir, de comer, de rezar o de pensar es la más «natural» de todas y que las demás son bastante «raras»). Las señoras le preguntan en los salones a Usbek: «Pero, oiga, ¿cómo se puede ser persa?», sin darse cuenta de que en otras latitudes habrá quien se pregunte cómo se puede ser francés... o europeo.

Pero la obra fundamental de Montesquieu es *El espíritu de las leyes,* en la cual trata de estudiar las leyes que rigen la convivencia humana. Por supuesto, las leyes de la naturaleza —el clima de cada país, su paisaje y cultivos, etcétera— influyen en la conducta humana, pero no la determinan: a pesar de estar sometidos a esa necesidad natural, la conducta de los hombres es libre y rebelde. Las leyes de los países responden a la invención de los hombres, no a la imposición divina o natural. Cada forma de gobierno exige de los ciudadanos un tipo de disposición, que será «temor» en las tiranías despóticas, «honor» en las monarquías basadas en los prejuicios de clase aristocráticos y «virtud cívica» en las repúblicas. Aunque cada una tiene ventajas e inconvenientes, Montesquieu prefiere aquellos sistemas políticos —por ejemplo, el inglés— que respetan la separación de tres poderes (legislativo o parlamentario, ejecutivo o gubernamental, y judicial) como la mejor garantía de las libertades públicas.

Cada época tiene algún acontecimiento técnico o logro cultural que se convierte en su emblema y da la señal de partida para una forma de ver y de hacer realmente nueva. En nuestro tiempo es sin duda Internet, con todo lo que implica en el ámbito de la comunicación y el conocimiento. Pero en el Siglo de las Luces fue la *Enciclopedia* que dirigieron Diderot y D'Alembert. Para entender su enorme impacto social debes imaginarte una Wikipedia cuyos contenidos no sólo fuesen accesibles para cualquiera sino también revolucionarios respecto a muchos planteamientos aceptados como indiscutibles pero que estuviesen escritos por algunos de los mejores especialistas en cada tema, aunque no estuvieran académicamente reconocidos. Todo comenzó como una empresa modesta y meramente comercial. El editor parisino Le Breton quiso traducir al francés la enciclopedia Chambers, una obra inglesa que había obtenido éxito en su país. Encargó esta versión a Diderot y a D'Alembert, quienes en lugar de traducir sencillamente la obra se propusieron acometer un empeño semejante pero totalmente nuevo: la enciclopedia inglesa era una simple obra de consulta más bien conformista, pero la enciclopedia francesa sería una pieza de erudición profundamente moderna y hasta revolucionaria. No se limitaría a mostrar una acumulación dispersa de conocimientos por orden alfabético, sino que debía exponer la articulación racional entre ellos, hasta lograr algo así como el mapamundi de todos los saberes humanos.

La *Enciclopedia* comenzaba con un largo prólogo escrito por D'Alembert, que era un reputado matemático y devoto del método científico. Siguiendo a Francis Bacon, establecía que el hombre tiene tres capacidades cognitivas: la memoria, que registra de modo pasivo los sucesos; la razón, que los conecta entre ellos y obtiene nuevas conclusiones, y la imaginación, que propone audaces combinaciones inéditas a partir de esos materiales. Cada una de esas capacidades da lugar a un área de conocimiento principal: de la memoria proviene la historia (en su sentido más amplio, que incluye el registro de todos los hechos pasados de que tenemos constancia), de la razón viene la filosofía (que incluye todas las ciencias

Denis Diderot

y excluye la metafísica y la teología, porque carecen de base empírica aportada por nuestros sentidos) y de la imaginación dependen las bellas artes: literatura, pintura, escultura, etcétera. Ésas son las tres ramas principales del gran árbol de la sabiduría humana que la *Enciclopedia* debía reflejar e ilustrar de la manera más minuciosa posible.

Según fueron apareciendo los numerosos volúmenes de la *Enciclopedia,* la alarma se extendió entre los poderes fácticos más reaccionarios de la sociedad, encabezados —como tantas otras veces— por la Iglesia Católica. Aunque los artículos de la obra trataban por lo general de modo bastante respetuoso los dogmas religiosos, resultaba evidente que la fe no era considerada con el mismo aprecio que los descubrimientos científicos o los logros de las artes útiles. Además, los

artículos históricos mostraban poco entusiasmo por los reyes, las conquistas y las grandes batallas: en cambio, daban importancia a quienes habían combatido el fanatismo y promovido la tolerancia. Las autoridades de la monarquía francesa consideraron esa preferencia como una inquietante y subversiva falta de respeto. En varias ocasiones, la publicación de la *Enciclopedia* fue interrumpida, se requisó el material preparado para componer un volumen e incluso se encarceló por algún tiempo a Diderot. Pero la empresa, con retrasos y dificultades, continuó adelante. Los suscriptores que esperaban cada uno de los tomos y pagaban por adelantado permanecieron fieles, de modo que Le Breton tuvo razones para seguir hasta el final: por una vez, el interés comercial y el cultural se apoyaron mutuamente. Es verdad que muchos abandonaron el barco antes de llegar a puerto: D'Alembert se asustó e hizo mutis por el foro, Voltaire se aburrió de tanta erudición y compuso su propio *Diccionario filosófico,* más concentrado y polémico, y muchos otros se retiraron para evitarse problemas o sinsabores.

La verdad es que la *Enciclopedia* acabó por realizarse gracias a Denis Diderot, quien no sólo la dirigió hasta el final sino que escribió numerosos artículos, organizó el material de cada volumen, burló la censura fingiendo acatar sus prohibiciones y hasta soportó pasar una temporadita en prisión por su causa. Pero además Diderot tuvo tiempo para escribir novelas, obras teatrales, diálogos filosóficos y ensayos sobre la naturaleza, el teatro, el arte, la psicología y la moral. Intelectualmente representa un raro mestizaje, porque fue a la vez escéptico y entusiasta: estaba fascinado por las constantes transformaciones que se dan en el Universo, desde los átomos a las estrellas, y se burló de quienes creen que todo permanece siempre igual porque les da vértigo el perpetuo movimiento que todo lo cambia. Cuando el viajero Bougainville regresó de los mares del Sur y contó cómo vivían allí los llamados salvajes, aparentemente sin leyes morales o religio-

sas, él escribió una obrita fantástica en la que imaginaba una isla semejante en la que todo el mundo era espontáneamente feliz gracias a la libertad de costumbres. Es sin duda posible discrepar de muchas ideas de Diderot, pero es difícil no admirar su tesón combativo o dejar de sentir simpatía por su humanismo apasionado y sensual.

⊰ ⊰ ⊰

Podríamos creer que el pensamiento ilustrado en Francia no hace más que repetir las mismas ideas (razón, ciencia, progreso, escepticismo, tolerancia, etcétera), pero resulta que hay un caso discrepante y muy importante, porque criticó la Ilustración con armas ilustradas y a la larga vino a ser más influyente en los pensadores venideros que ninguno de sus contemporáneos. Jean-Jacques Rousseau nació en Ginebra, pero vagabundeó por diversas ciudades europeas y vivió en París, donde se hizo amigo de Diderot (colaboró en la *Enciclopedia* con artículos sobre música, una de sus grandes aficiones que le llevó a componer una ópera). Hay que advertir que ser amigo de Rousseau no era cosa fácil: la mayoría duraba poco en el puesto y Diderot no fue una excepción, pero precisamente cuando aún se mantenía esa amistad, cierto día que se dirigía a la prisión para visitar a un Diderot encarcelado por culpa de los inquisidores contrarios a la *Enciclopedia,* hizo Rousseau el hallazgo que había de inspirar lo mejor de su pensamiento: en una gaceta o periódico leyó la convocatoria de un concurso de trabajos sobre este tema: «¿Han mejorado las ciencias y las artes las costumbres de los hombres?». Voltaire, Diderot o cualquier otro ilustrado habrían argumentado en sentido afirmativo, pero Rousseau decidió escribir un ensayo para decir que no.

En su escrito —que, por cierto, ganó el primer premio—, Rousseau no negaba que los conocimientos que sacan al hombre de su ignorancia primitiva pueden aportar mayor bienestar y entretenimiento a la vida cotidiana, pero subraya que también arrastran consecuencias perjudiciales. Contra los optimistas del progreso señala que todas las comodidades y sofisticaciones tienen su precio: lujo, vanidad, afán de riqueza y esclavitud de muchos. Sobre todo, esa vida social más compleja introduce entre los humanos la semilla de la desigualdad. Imaginemos que en su origen los hombres vivían en un estado de naturaleza en el que ignoraban la propiedad o la autoridad y cada cual sólo se preocupaba de conservar su vida como mejor podía. De pronto, uno dice: «Esta tierra, esos árboles o esa montaña son míos: ¡que nadie los toque!». Aparece la propiedad privada y luego el poder, los jueces, los policías, etcétera. ¡Ya hemos caído en la trampa! El inocente salvajismo primordial se ha pervertido en culpabilidad y conflicto social.

Por supuesto, Rousseau no cree posible volver al estado de naturaleza primitivo ni aconseja reconvertirnos otra vez

en buenos salvajes (incluso advierte que tales santos espontá-
neos quizá no existieron nunca). Propone, sin embargo, que
tratemos de corregir los males de la sociedad reflexionando
sin autocomplacencia sobre ellos. En el terreno político, su
obra *El contrato social* establece las normas de un régimen
ideal del Estado en el que cada cual renuncia a su libertad
natural para ganar junto a los demás la libertad civil y el derecho de propiedad. Las decisiones han de ser tomadas de-
mocráticamente por los ciudadanos, pero siempre que no
representen la **voluntad de todos** (es decir, los intereses
egoístas de cada cual) sino la **voluntad general** (o sea,
la aspiración razonable de cada uno al bien común de la sociedad). Incluso sería aconsejable fomentar una religión civil que, en lugar de prometer la salvación de cada individuo,
convirtiera el bien de la sociedad en la salvación de todos.

Jean-Jacques Rousseau

También en el terreno educativo es necesaria una reforma a fondo. En su ficción filosófica *Emilio* —quizá el libro sobre educación más influyente que nunca se ha escrito— cuenta la formación de un niño cuya bondad natural no es contrariada por imposiciones artificiales sino fomentada y aprovechada para convertirle en socialmente útil, logrando que su espontáneo amor a sí mismo acabe por transformarse en amor al prójimo. Resulta curioso que, a pesar de su interés teórico por la educación, el filósofo prefiriese practicarla lo menos posible: a sus propios hijos los entregó nada más nacer a un orfanato. En la obra de Rousseau se combina el uso ilustrado

de la razón con cierta desconfianza hacia ella también racionalista y un reconocimiento de la importancia del instinto, los sentimientos y las pasiones. Fue a la vez revolucionario y conservador, con lo cual se buscó enemigos en todas las facciones de su época, pero a la vez se ganó incontables discípulos futuros... hasta el día de hoy.

Desde luego, la Ilustración no fue solamente un asunto francés. También tuvo representantes en los países anglosajones.

Uno de los primeros fue el irlandés George Berkeley, que se dedicó al oficio, no demasiado frecuente entre filósofos, de obispo (sólo recuerdo también en ese gremio a san Agustín), además de ser teólogo, así como teórico de las matemáticas y de la economía política. Sobre todo, un estupendo e ingenioso escritor, como demuestra en sus *Diálogos entre Hylas y Filonús*. A Berkeley le interesaba más la defensa de las creencias religiosas que la filosofía pura y dura. Como buen anglosajón es empirista —en la línea del maestro John Locke—, pero su habilidad consiste en utilizar el empirismo a favor de la religión y no contra ella. La mayoría de quienes sostienen

que todo nuestro conocimiento viene de los sentidos acaban defendiendo posturas materialistas, pero Berkeley les acusa de inconsecuencia, porque señala que precisamente la «materia» es algo que ningún sentido revela.

Supongamos que contemplo una manzana: mis sentidos me aportan colores, forma, dureza al tacto, aroma, sabor... pero nunca nada parecido a una cosa material que subyace y provoca ese cúmulo de impresiones. Si hay que ser empiristas, seámoslo hasta el final: sólo existe lo que yo —es decir, mi espíritu, mi alma— percibo. Y puedo estar seguro de su existencia nada más que mientras lo percibo: ¿quién me dice a mí que la manzana sigue existiendo cuando yo me vuelvo

de espaldas y ni la veo, ni la toco, ni la huelo, ni...? Que existo
yo, el alma que siente y piensa, es indudable y ya lo dijo Descartes. Lo que en cambio es inverificable experimentalmen-
te es la famosa materia. Entonces, ¿debo creer que todas las
cosas «desaparecen» cuando mis sentidos no las perciben?
Pues deberíamos suponerlo... salvo que Dios exista. Porque
Dios todo lo percibe constantemente, las estrellas más leja-
nas y el fondo del mar, las manzanas a las que doy la espalda
y mi hijo, a quien he dejado en el colegio y al que no volveré
a «percibir» hasta dentro de varias horas: gracias a Él, que
todo lo percibe sin cesar, el Universo y su inmensa población
nunca dejan de existir. De modo que el empirismo radical es
un argumento favor del alma y de Dios, no de la materia.

Aunque tuviese muy poco que ver con un obispo o cualquier
tipo de creyente ortodoxo, el escocés David Hume aprovechó
para estimular su fecundo pensamiento los planteamientos
de Berkeley, así como los anteriores de John Locke. Hume no
sólo fue un gran filósofo, sino también psicólogo, magnífico
historiador (su *Historia de Inglaterra* sigue siendo un modelo para los historiadores modernos) y hasta un precursor
de lo que luego se llamó «antropología», en su estudio del
origen de las ideas religiosas. Pero su principal campo de reflexión, en todos los casos, fue la **naturaleza humana.**
Hume fue un empirista radical, incluso más que Berkeley:
para él sólo existen las **impresiones** que nuestros sentidos
nos aportan. Lo que llamamos «ideas» no son más que recuerdos de impresiones pasadas.

Todo lo demás son conjeturas que hacemos a partir de nuestras percepciones y que damos por buenas a fuerza de costumbre. ¿Las cosas del mundo?: nosotros sólo tenemos impresiones de color, forma, sabor, tamaño, y a partir de la combinación de ellas creemos que existen unas cosas a las que llamamos manzanas o estrellas; ¿el alma?, ¿el yo?: sólo tenemos una sucesión de impresiones y la memoria de impresiones pasadas que se asocian con las presentes, cuya continuidad nos hace creer que hay una entidad o sujeto que protagoniza tales chispazos sensoriales; ¿las leyes de la naturaleza, como la causalidad?: son simples **hábitos** o rutinas que tomamos por vínculos objetivos, o sea, que como estamos acostumbrados a ver que el trueno sigue al relámpago decidimos que es éste la causa de aquél. Hume es un **escéptico** decidido, es decir, que duda seriamente de que podamos conocer nada con certeza objetiva, puesto que todas nuestras impresiones son subjetivas. Pero también duda del escepticismo mismo, o sea, que está convencido de que en cuanto dejemos de filosofar —manía que suele durarnos poco— volveremos a creer que existen cosas con tales o cuales atributos en la realidad externa, que tenemos alma y que las causas son algo firme y seguro.

¿Dios?, ¿la religión?: Hume supone que el origen de la religión es el politeísmo, es decir, una serie de entidades fantásticas buenas o malas, favorables o desfavorables, que los hombres se inventan para explicar aquellos fenómenos de la naturaleza que les perjudican o les resultan beneficiosos. Como nuestra vida está llena de incertidumbre y nunca sabemos si podremos conseguir lo que apetecemos, nos inventamos unos interlocutores mágicos a los que rogar pidiendo suerte y ayuda. Tampoco el Dios providencial de los cristianos

o el Dios relojero organizador de la naturaleza de los deístas como Voltaire le merecen mayor aprecio: en sus *Diálogos sobre la religión natural* (que fue publicado póstumamente, para evitarle problemas con los inquisidores) desmonta con razones contundentes todas las supuestas pruebas cosmológicas o morales a favor de la existencia de estos grandes espíritus... definitivamente inverificables.

En el tema moral, Hume alivia a la ética de rigores puritanos, sacrificios y amenazas. Para él, no hay otra norma de conducta que el bienestar humano: lo que nos resulta agradable, placentero y útil es lo bueno; lo que nos hace sufrir y

nos impone padecimientos, es malo. Pero no se trata de la búsqueda de un bienestar meramente egoísta, porque existe en cada uno de nosotros —¡por lo menos, en los mejores momentos!— un sentimiento espontáneo de **simpatía** y benevolencia hacia nuestros semejantes, de modo que procurar hacer más grata la vida de los demás aumenta la satisfacción que sentimos. En cuanto a la virtud social por excelencia, la justicia, consiste en pretender lo mejor para la organización social de la que formamos parte y sin cuya cooperación nos sería difícil o imposible la existencia. Algunas virtudes, dice Hume, son naturales, como el amor a los hijos o la piedad por los desdichados. Otras, en cambio, provienen de la necesidad de mantener el vínculo social, como la fidelidad al cumplimiento de las promesas o la obediencia a la autoridad. En todos los casos, lo que buscamos con la moral es disfrutar mejor las posibilidades personales y sociales de nuestra vida, y nada más.

Pero sin duda el filósofo más importante del Siglo de las Luces no fue francés ni anglosajón, sino alemán. Se llamó Immanuel Kant y nació, vivió toda su vida y murió en la ciudad prusiana de Königsberg, que hoy forma parte de Rusia. Quienes suponen que para adquirir conocimientos y ampliar nuestra visión del mundo es imprescindible viajar, tropiezan en Kant con un argumento contra su teoría: sin dar nunca un paso fuera de su ciudad natal llegó a ser no sólo uno de los hombres más cultos y sabios de su época sino también uno de los tres o cuatro pensadores más grandes de la historia de Occidente. Des-

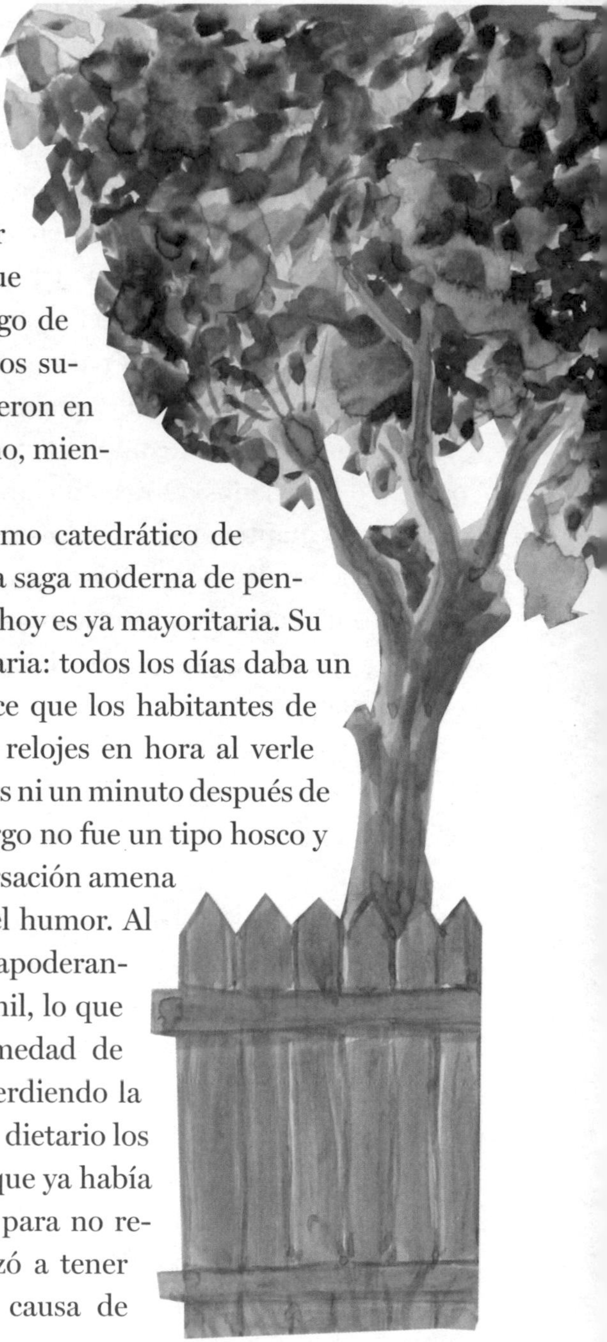

de luego, su vida care-
ce de acontecimientos
y peripecias notables:
una revista del cora-
zón o una novela de
aventuras podrían sacar
poco partido de él. Fue
protagonista sin embargo de
grandes y revolucionarios sucesos, pero todos ocurrieron en
el silencio de su despacho, mientras pensaba y escribía.

Se ganó la vida como catedrático de
filosofía, inaugurando la saga moderna de pensadores–profesores que hoy es ya mayoritaria. Su
puntualidad era legendaria: todos los días daba un
paseo higiénico y se dice que los habitantes de
Königsberg ponían sus relojes en hora al verle
pasar, ni un minuto antes ni un minuto después de
cuando solía. Sin embargo no fue un tipo hosco y
aburrido, sino de conversación amena
y con mucho sentido del humor. Al
final de su vida se fue apoderan-
do de él la demencia senil, lo que
ahora llamamos enfermedad de
Alzheimer. Como iba perdiendo la
memoria, anotaba en su dietario los
temas de conversación que ya había
tenido con sus amigos, para no re-
petirse. También empezó a tener
pesadillas nocturnas a causa de

sus trastornos cerebrales; una de sus últimas anotaciones se refiere probablemente a ellas: «No entregarse a los pánicos de las tinieblas». Ahí se oye la definitiva palabra firme y valerosa del gran ilustrado.

Kant admiraba la obra de Isaac Newton, que había logrado asentar la ciencia física sobre una base segura. Y aspiró a convertirse en el Newton de la filosofía, es decir, transformarla también en una ciencia bien fundada. ¿Es posible tal cosa? Dado que el instrumento de la filosofía es indudablemente la razón, será necesario hacer un uso crítico de ella y convertirla en juez de sí misma, de su método y de sus posibilidades. El gran tema de la filosofía es el ser humano, sujeto de la razón y también objeto de su estudio. Para Kant, ese tema humano abarca tres grandes preguntas insoslayables: primera: ¿qué puedo saber?; segunda: ¿qué debo hacer?; y tercera: ¿qué puedo esperar? Del grado de certeza con que podamos responder a esas cuestiones dependerá el destino como saber científico de la filosofía.

A la primera de ellas, la que trata del conocimiento, responde Kant con la *Crítica de la razón pura*, su obra más célebre e influyente, escrita cuando contaba ya cincuenta y siete años, la edad en la que otros comienzan a pensar en su jubilación. En el tema del conocimiento humano se han enfrentado a lo largo de los siglos filósofos racionalistas, como Descartes, que consideran nuestro entendimiento como la fuente principal del saber, y otros empiristas, como Locke o Hume, que aseguran que todo lo que sabemos nos llega por la vía de los sentidos. Ninguna de estas perspectivas convence a Kant, aunque piensa que ambas tienen parte de razón. En el conocimiento humano se da una materia y una forma: la materia la aportan los sentidos con su experiencia, pero

Immanuel Kant

la forma la pone el entendimiento con su capacidad de organizar los datos sensoriales. Sin la materia que nos aportan los sentidos nuestro entendimiento permanece vacío, pero sin el orden aportado por el entendimiento los datos sensoriales son un caos ciego e informe. Es algo parecido a cuando los niños hacen flanes de arena en la playa utilizando un cubo como molde: si el cubo no se llena de arena no puede haber flan, pero tampoco lo habrá si la arena no se somete a la forma que le da el cubo.

De modo que lo que podemos conocer es una combinación entre lo que nuestros sentidos perciben de las cosas y la forma que nuestro entendimiento proporciona a esos datos: el resultado es lo que Kant llama **fenómenos**, que no son ni las cosas en sí mismas (nosotros todo lo conocemos de acuerdo con las categorías o capacidades de nuestro entendimiento, quizá otros seres con entendimiento distinto y sentidos diferentes las conozcan de otro modo) ni tampoco un invento de nuestra razón pura y desligada de la experiencia. Pero sucede que la razón no se resigna a limitarse a trabajar con datos sensoriales y quiere ir más allá: las grandes ideas metafísicas, es decir, el alma, el mundo como totalidad universal y Dios son aspiraciones ambiciosas de la razón a volar más lejos de lo que la experiencia concreta aporta. Es una ambición muy humana pero que fracasa en un cúmulo de contradicciones insuperables: algo semejante a una paloma

que, al volar, nota la resistencia que el aire le ofrece y puede suponer que sin aire —en el vacío— volaría mejor y más alto, ignorando que ese aire que se le resiste es también lo que la sostiene en su vuelo.

La siguiente gran pregunta: ¿qué debo hacer? Los seres humanos somos activos y constantemente debemos tomar decisiones para hacer esto o lo otro. En la mayoría de los casos, son las circunstancias las que nos imponen el camino que debemos seguir: la necesidad de comida o cobijo, el instinto de conservación, el afán de recompensas o el miedo a los castigos, la simpatía o antipatía que sentimos por los demás, etcétera. Así, nuestro comportamiento es heterónomo (o sea, que sigue una norma ajena que nos llega desde fuera, como si alguien o algo nos diese una orden que obedecemos). Para Kant, esa forma de actuar puede ser prudente o justificada, pero no es propiamente moral. El verdadero comportamiento moral tiene que ser **autónomo**, es decir, que brote de una ley que nada me impone y que yo acepto como fruto de mi propia libertad de ser racional. Esa norma autónoma tiene que expresar lo mejor de mi voluntad, no mi apetito, ni mi ambición, ni mi miedo a los castigos. Será un imperativo, o sea, una orden que yo me doy a mí mismo por simple respeto a lo mejor que hay en mí: no estará condicionada a conseguir esto o aquello sino que será un **imperativo categórico**, que busca lo bueno de modo absoluto y nada más.

¿Cómo saber que este imperativo proviene verdaderamente de la buena voluntad y no de algún interés menos elevado? Cuando yo hago algo que me beneficia a mí pero no a otros es como si dictase una ley que vale sólo para mí, aunque no para los demás; el que miente es como si pensara: «Está bien que yo mienta cuando me conviene, pero quiero que los demás me digan la verdad (porque si a todo el mundo le da por mentir ya no sacaré ventaja de mis propias mentiras)»; y el que roba piensa: «Está bien que yo robe lo que quiera pero no que me roben los demás a mí (porque si no será imposible disfrutar lo que he robado)», etcétera. Pero cuando hago algo realmente bueno es como si dijese: «Quiero que todo el mundo actúe como yo, es decir, como un ser humano racional, que respeta a sus semejantes y no los utiliza como herramientas o simples marionetas. De este modo no me comportaré por capricho o buscando provecho, sino porque **debo** respetar la humanidad en mí y en todos los demás».

Y por último: ¿qué puedo esperar? Aquí la respuesta de Kant tiene dos vertientes, una histórico–política y la otra religiosa. Como espíritu realmente ilustrado —hoy diríamos «progresista»—, es un decidido universalista, es decir, cree en la importancia primordial de todos los seres humanos y su autonomía por encima de países, razas, estados, clases sociales, etcétera. A pesar de sus hábitos aparentemente nada levantiscos, Kant simpatizó con la Revolución francesa y condenó enérgicamente los abusos del colonialismo europeo. Sin embargo, en cuestiones políticas podía ser idealista, aunque no meramente ingenuo: sabía que los seres humanos tienen tendencia a cooperar unos con otros por su propia naturaleza social, pero también que encuentran en ideologías, religiones, ambiciones políticas, etcétera, mil razones para enfren-

tarse. Padecemos una «insociable sociabilidad» y las comunidades humanas se mueven entre guerras que las arruinan y la cooperación comercial que las hace prósperas. El ideal es una paz perpetua que no sea la de los cementerios, sino la que proviene de la armonía de intereses bien entendidos. Para obtenerla, los países deberán dotarse de constituciones republicanas (los monarcas declaran guerras, pero no así los pueblos) y habrá que ir creando federaciones internacionales de Estados libres que favorezcan la hospitalidad cosmopolita y prohíban los enfrentamientos bélicos. Es difícil, pero no imposible: sobre todo, asegura Kant, es necesario para que se cumpla el mejor destino de la historia humana.

En el terreno personal, cada uno de nosotros sabe que el cumplimiento del deber ético no va acompañado de la felicidad mundana. De hecho, la verdadera moral no actúa nunca en espera de premios de ningún tipo. Pero el hombre puede preguntarse por el sentido del deber moral, que no nos hace felices sino **dignos** de la felicidad... si el mundo estuviese bien hecho. ¿Por qué no creer que, en efecto, el deber moral y la felicidad se armonizan en algún sitio? No en este mundo, desde luego, pero quizá en el más allá, si Dios existe y nuestra alma es inmortal. Nada podemos conocer de eso, porque supera y trasciende cuanto nuestros sentidos aportan a nuestro entendimiento. Por tanto, es inadmisible cualquier fanatismo religioso o la pretensión de imponer creencias a los demás por la fuerza, no digamos ya torturarles o asesinarles en nombre de la fe. Pero la esperanza no puede ser descartada. Kant, finalmente, se esfuerza por reconciliar su racionalismo pensante y su fe de creyente.

❋ ❋ ❋

Pero no todos los ilustrados alemanes fueron tan doctorales como Kant ni escribieron obras monumentales como las suyas: hubo espíritus literariamente más ligeros, aunque no menos profundos. Por ejemplo, Georg Christoph Lichtenberg, que fue discípulo de Kant, distinguido científico, aficio-

nado a la filosofía, el teatro y las mujeres, por lo que se ganó cierta fama de libertino. La obra filosófica de Lichtenberg está formada por **aforismos**, es decir, pensamientos expresados de manera breve y concentrada, casi siempre con mucho humor. A veces resume en pocas palabras la esencia misma de la Ilustración: «Todo el mal de este mundo se lo debemos al respeto, a menudo exagerado, por las antiguas leyes, las antiguas costumbres y la antigua religión»; o «En el mundo se puede vivir muy bien diciendo profecías, mas no diciendo verdades». En otras ocasiones ataca con sutileza las actitudes puritanas que recomiendan renunciar a los placeres: «La moderación presupone el goce; la abstinencia, no. De ahí que haya más partidarios de ésta que de aquélla»; o también: «Entre las líneas más sagradas de Shakespeare me encantaría que, alguna vez, aparecieran en rojo aquellas que debemos a una copa de vino bebida en un momento de felicidad».

París, mil setecientos y pico. Alba y Nemo están sentados en un café, después de acabar una partida de ajedrez.

NEMO.—¿Sabes lo que más me gusta de esos ilustrados? Que no eran profesores.

ALBA.—No te referirás a Kant...

NEMO.—Venga, Kant es una excepción. Pero los demás, Voltaire, Diderot, Rousseau, Hume... los enciclopedistas y demás, ya me entiendes. Eran literatos, poetas, músicos... o sea, gente dedicada a cosas bonitas, no a dar clase.

ALBA.—También una clase puede ser bonita.

NEMO.—¡Ya salió la empollona!

ALBA.—¿A ti no te hubiera gustado asistir a una clase de Kant?

NEMO.—Como no sé alemán...

ALBA.—En fin, pues con tu francés poco hubieras entendido de los chistes de Voltaire... No, en serio, creo que en parte tienes razón.

NEMO.—¿Yo? ¿Me das la razón? ¡Ay, que me desmayo...!

ALBA.—He dicho que tienes sólo parte de razón, no te hagas ilusiones.

NEMO.—Ya me parecía a mí...

ALBA.—Mira, lo importante no es que todos esos ilustrados no fueran profesores ni diesen clases... Lo que de veras cuenta es que quienes se interesaban por sus ideas no eran alumnos suyos.

NEMO.—¿Y no viene a ser lo mismo?

ALBA.—Sí... pero no.

NEMO.—¡Qué bien te explicas!

ALBA.—Quiero decir que el público que les leía, les escuchaba y hasta les defendía cuando se les atacaba, estaba formado

por voluntarios. No lo hacían por obligación, para aprobar curso o sacar nota, sino porque les daba la gana, porque les gustaba.

NEMO.—¿Ves? Porque expresaban cosas bonitas de manera artística.

ALBA.—Probablemente. Pero sobre todo porque la gente se daba cuenta de que aquello tenía mucho que ver con sus vidas y no sólo con los estudios.

NEMO.—¿Eran más libres que en otras épocas?

ALBA.—Yo creo que empezaban a sentirse más libres y querían aprender cosas que les ayudasen a liberarse del todo. Sobre todo, estoy segura de que las mujeres...

NEMO.—¡Claro, las mujeres!

ALBA.—Pues sí, las mujeres. ¿Acaso no te extraña que hasta ahora no haya aparecido en esta historia ninguna mujer? No me irás a decir que pensamos menos que los hombres.

NEMO.—Buenoooo...

ALBA.—Más te vale cerrar el pico, sabio. Si las mujeres no han sido filósofas antes es porque no se las educaba, ni podían escribir, ni nadie les hacía caso, ni...

NEMO.—Pues tampoco hubo muchas mujeres enciclopedistas, que yo sepa.

ALBA.—¡Claro que no! Pero en cambio hubo algunas, bastantes, las más afortunadas sin duda, capaces de leer la *Enciclopedia* y de charlar con sus autores. Hasta de influir en ellos, no te quepa duda. Porque empezaban a recibir educación como los varones y por tanto a ser capaces de pensar por sí mismas. ¡Eso sí que es una novedad importante!

NEMO.—Oye, que a mí me parece estupendo, ¿eh? Que las mujeres estudien y sean muy listas, como tú: estupendo, estupendo... Pero me parece que en esa época la cosa sólo debía pasar en Francia y en países así. Porque lo que es en España...

ALBA.—En cuestiones de Ilustración, aquí fuimos con bastante retraso las mujeres... y los hombres. Pero también aquí llegaron las luces y la *Enciclopedia,* seguro que sí. A trancas y barrancas, pero llegaron. Si no, a ver... ¿de dónde salimos tú y yo?

CAPÍTULO 9

La revolución de las ideas

A veces puede parecer que las teorías de los filósofos son pura comedura de coco, elucubraciones ingeniosas o aburridas pero que poco o nada tienen que ver con lo que de veras ocurre en el mundo. La gente práctica, aseguran algunos —quizá muchos—, no se preocupa por las ideas filosóficas, sino por la vida real: la política, la economía, el fútbol y otras cuestiones igualmente urgentes. Las cosas que dicen los filósofos, pobrecillos, sólo interesan a otros filósofos o a gente tan chalada como ellos, que viven en las nubes... Más o menos comentarios como éstos le hizo burlona una señora a comienzos del siglo XIX al escritor escocés Thomas Carlyle, quien trataba de convencerla de la importancia y hasta del peligro que encierran las ideas de los filósofos. Como única respuesta, Carlyle señaló al estante de su biblioteca que albergaba las obras de Voltaire, Rousseau o Hume y comentó: «¿Ve usted esos libros, amiga mía? Pues la segunda edición de cada uno de ellos se encuadernó con la piel de quienes se habían reído de la primera...».

En efecto, no cabe duda de que el clima intelectual crítico, irreverente y hasta rebelde fomentado por los ilustrados y por la *Enciclopedia* fue determinante en la ideología de los protagonistas de la Revolución francesa de 1789. Ese acontecimiento político conmocionó a Europa tanto en sus instituciones como en su manera de pensar. Por una parte, despertó un ansia inédita de libertad política y mental, de igualdad y de fraternidad popular. La compartieron muchos de los espíritus más cultos y generosos de la época, incluso gente tan escasamente revoltosa como Kant. Por otro lado, el terror sanguinario de aquellos sucesos alarmó a otros muchos, que compartían la triste constatación que hizo madame Roland —tan entusiasta de la revolución al principio— cuando tuvo que ir a la guillotina: «¡Libertad, libertad! ¡Cuántos crímenes se cometen en tu nombre!». De modo que todo el siglo que sigue al llamado «de las Luces» estuvo marcado intelectualmente por las consecuencias de la gran Revolución francesa (así como de la que poco antes hubo en Norteamérica contra Inglaterra y luego en las diversas colonias de la América española). De ese modo nacieron nuevos pensamientos revolucionarios y también otros conservadores, partidarios unos de imponer la justicia y otros de preservar a ultranza la libertad, sin que faltasen quienes pretendían conciliar lo mejor de ambos campos. En el terreno de la filosofía, ésa no fue desde luego una época monótona ni aburrida.

Como ya hemos señalado, uno de los pensadores más influyentes fue sin duda Kant. El maestro de Königsberg intentó en su obra señalar la capacidad, aunque también los límites de la razón, y establecer la autonomía ética de la persona humana y su correlativa dignidad por encima de instituciones y fronteras. Pero quienes siguieron por el camino abierto por él no se atuvieron a todas sus prevenciones y cautelas, sino que le desbordaron en uno u otro sentido. Ya hemos visto en casos anteriores que en la carrera de relevos de la filosofía se es fiel a lo que nos enseña el que nos precede... traicionándole lo mejor y más razonadamente posible. Así se portaron respecto a Kant pensadores tan distinguidos como Fichte, Schelling y, sobre todo, Hegel.

Georg Wilhelm Friedrich Hegel nació en Stuttgart y estudió en Tubinga, donde fue compañero del también filósofo Schelling y del gran poeta Hölderlin. Los tres jóvenes siguieron con entusiasmo los acontecimientos revolucionarios de Francia y hasta plantaron juntos un árbol de la libertad para conmemorarlos. Pero, a diferencia de otros, Hegel sintió un entusiasmo no menor por Napoleón, al que consideraba prolongación y heredero lógico de la revolución: al verlo entrar en Jena durante su gira de conquistas por Europa, lo admiró como si fuera «el alma del mundo... montado a caballo». Más difícil todavía: cuando años después celebró al muy jerárquico y bastante autoritario Estado prusiano como la mejor realización histórica de la razón absoluta, también siguió considerando la Revolución francesa «una magnífica salida

de sol, una sublime conmoción, una exaltación del espíritu que ha hecho estremecer al mundo de emoción».

Dentro de su pensamiento, estas diversas (y para algunos contradictorias) fidelidades no encierran ninguna paradoja. Desde nuestro punto de vista subjetivo de individuos pensantes, ciertos sucesos del mundo nos parecen dignos de aprecio racional y otros en cambio los tenemos por absurdos o aborrecibles. Para Hegel, en cambio, todos son expresión necesaria de una misma razón que se va desplegando en pa-

Friedrich Hegel

sos concatenados a lo largo de la historia humana. Su divisa es: todo lo racional es real y todo lo real es racional. Porque para Hegel la razón no es solamente una capacidad de los individuos finitos, sometida a las limitaciones que señaló Kant, sino la estructura dinámica de todo lo que existe. El sujeto comienza a pensar a partir de su condición finita y empírica, desde luego, pero después, el propio despliegue de la razón debe llevarle hasta ampliar su perspectiva y fundir lo finito en lo infinito y absoluto. Esta aventura intelectual es narrada en su obra más fascinante: *Fenomenología del espíritu.*

Partamos de lo más sencillo y seguro: ahora es de día. Esta verdad merece ser consignada y la apunto en un papel. Dejo pasar unas pocas horas y vuelvo a releer esa nota: ¡Sorpresa! La verdad obvia y evidente se ha convertido en falsedad, porque ahora ya no es de día sino que reina la noche. ¿Tendré que desesperarme, caer en el escepticismo? No, más bien debo aprender que la razón no es estática y limitada, sino dinámica y en marcha hacia la totalidad. Este recorrido, que se realiza dentro de nosotros en tanto que maduramos intelectualmente pero también a lo largo de la historia misma de la humanidad, es el argumento del libro. Se va pasando en él repaso a la percepción, el entendimiento y a la lucha por el poder entre el señor y el siervo, la ilustración, la revolución y el terror, el positivismo científico, etcétera. Como casi todo el resto de la obra hegeliana, la *Fenomenología* es muy difícil de leer. Aunque habla de asuntos que en último término nos interesan a todos —en otro caso no sería un filósofo—, Hegel escribe principalmente para técnicos y profesores de filosofía, lo que hace la mayoría de su obra inaccesible al principiante y sumamente oscura para muchos que no lo somos tanto. Pero por supuesto ni más ni menos «profunda» que la de autores más directamente comprensibles como Montaigne, Hume o Rousseau.

Hegel escribió también una monumental *Ciencia de la lógica,* que es algo así como el Everest de los varios y abrumadores ochomiles que el aprendiz de filósofo debe leer para adquirir respetabilidad. La lógica de Hegel no trata de cómo se argumenta sino de cómo se piensa. En otras lógicas —por ejemplo, la de Aristóteles— se señalan los tipos de razonamiento erróneos, pero en la de Hegel cada paso de la razón es válido y también necesariamente falso, porque sólo el conjunto universal de la razón realizada en el mundo, la Idea total y absoluta, puede aspirar a ser considerada «la verdad». Esta forma paradójica de avanzar en el pensamiento —un paso adelante, otro atrás y luego dos adelante— es llamada **dialéctica** y constituye la aportación más fructífera

de Hegel al procedimiento intelectual. Según la dialéctica, la razón establece primero una afirmación o **tesis,** después comprende las objeciones que la invalidan y pasa a negarla en la **antítesis,** para, a continuación, retomar una y otra en la **síntesis,** que va más allá de ambas recogiéndolas y superándolas. El ejemplo más citado de la dialéctica está al comienzo mismo de la lógica: el punto de partida es el ser, que no es esto ni aquello ni nada determinado, sólo el puro y vacío hecho de ser; pero si el ser no tiene determinaciones ni contenidos resulta que es... nada, o sea, que se identifica con lo que parece desmentirlo, la nada, lo que precisamente no es; pero cuando estamos ya en la nada vemos que al menos es eso: nada, o sea, que a su modo es...; y el tránsito de la nada al ser es el devenir, que recoge la afirmación primera y la negación que la sigue en un movimiento que va más allá. ¿Complicadillo, no? Pero quinientas páginas más adelante ya se acostumbra uno.

Los individuos moralmente autónomos de Kant impresionan poco a Hegel. Cada cual puede actuar de acuerdo con su personal pauta ética, pero no debe pretender que su moralidad se imponga al mundo. O quizá puede obrar de acuerdo con sus pasiones —para Hegel «nada grande se ha hecho

en el mundo sin pasión»—, pero la pasión tampoco puede dictar la más alta norma ética, por imprescindible que sea en las acciones individuales. En realidad, la sustancia ética efectiva y verdadera se va formando a base de aportaciones individuales que terminan cristalizando en instituciones históricas: la más madura de todas ellas es el Estado (y si es prusiano, mejor que mejor), culminación del despliegue de la Idea en la historia y por tanto punto final de la misma. La filosofía más elevada y consecuentemente racional no se adelanta proféticamente a la historia, sino que viene después de ella para consolidar idealmente lo ya ocurrido. Porque, según la metáfora de Hegel, el ave de Minerva (la lechuza, emblema desde la antigüedad de la filosofía) no echa a volar hasta el crepúsculo, cuando ya el día y sus acontecimientos han terminado...

Los mejores discípulos de Hegel fueron —como ya hemos visto que suele pasar— quienes más decididamente aprovecharon su enseñanza, pero invirtiendo su sentido. Por ejemplo, Ludwig Feuerbach, para quien la filosofía del futuro no debía consistir en fundir lo finito en lo infinito sino justamente en lo contrario: o sea, revelar que ese infinito llamado Idea Absoluta, Dios o cosa parecida está realmente en lo finito, que es el hombre. Filosofías como la de Hegel, con todos sus méritos, no son en realidad más que teologías, y la auténtica filosofía venidera tendrá que ser una antropología, es decir, un saber centrado en la infinitud abarcada por el ser humano. Feuerbach explica que la esencia del cristianismo consiste en magnificar los atributos que descubrimos en el hombre —compasión, amor, afán de justicia, etcétera— y proyectarlos en la gran pantalla del cielo como parte del perfil gigantesco de Dios-Jesucristo. El Dios de los cristianos es un ser humano idealizado en el que brillan con fulgor de absoluto todas las capacidades que los mortales tenemos como virtudes, aspiraciones o proyectos. En otras religiones, por el contrario, lo que la creencia idealiza es la relación del ser humano con la

naturaleza, hecha de temor y respeto ante su fuerza, así como de reconocimiento de nuestra pequeñez frente a ella.

Sin duda, el más destacado seguidor de Hegel fue Karl Marx, que no sólo fue filósofo, sino también economista, periodista y político. No se dedicó a la enseñanza universitaria —aunque estaba cualificado para ello—, sino que se entregó a la crítica de las instituciones y a la agitación revolucionaria, colaborando en diversas publicaciones radicales de izquierda y padeciendo el hostigamiento de las autoridades, lo que le llevó de Alemania a París, después a Bruselas y más tarde a Londres, donde murió y está enterrado en el cementerio de Highgate. En París se hizo amigo de Friedrich Engels, su fiel compañero y también colaborador en gran parte de sus obras, así como su mecenas durante los últimos años en Londres. Con él escribió el *Manifiesto del partido comunista,* una pieza magistral de literatura subversiva cuya enorme influencia, no sólo intelectual, sino histórica, ha llegado hasta nuestros días. Pero fue en Londres, y más concretamente en

la excelente biblioteca del Museo Británico, donde escribió *El capital,* una obra monumental e inacabada en la que expone sus ideas sobre economía, historia y filosofía política.

Marx se interesó mucho por la obra de Feuerbach, porque sostiene que todo pensamiento crítico comienza por la

crítica a la religión. Pero le parece que éste se mantiene exclusivamente en el terreno de la teoría y el debate ideológico. En la última de sus *Tesis sobre Feuerbach* contrasta esta actitud con la suya propia: «Hasta el momento, los filósofos se han dedicado a interpretar el mundo, pero de lo que se trata es de cambiarlo». Durante siglos, los pensadores han pretendido dedicarse a una contemplación desinteresada del mundo, pero Marx (¡como Platón!) quiere utilizar su reflexión para combatir la tiranía y emprender una mejor organización de la sociedad. Si la filosofía no tiene efectos prácticos, incluso revolucionarios, será solamente otra modalidad de «opio del pueblo» como la religión, que no sirve más que para adormecer a los ciudadanos y acostumbrarles a que se resignen a la injusticia social.

El propósito de Marx es dar la vuelta a la dialéctica hegeliana y apoyarla sobre los pies en lugar de sobre la cabeza, o sea: en vez de convertir a la Idea Absoluta en la última etapa del despliegue de la razón, poner en ese lugar privilegiado el descubrimiento de la condición **material** de la vida humana. Hegel cree que es la conciencia (en forma de razón, religión o arte) lo que determina el ser del hombre, pero Marx le corrige: es el ser humano en su materialidad (es decir, en sus relaciones sociales, laborales, económicas y en su desarrollo técnico) el que determina lo que los hombres van a pensar filosóficamente, van a creer religiosamente o van a admirar como arte sublime. Lo que mueve la dialéctica universal no es la Idea, sino la Materia, que en el caso humano no es nunca mera cuestión de átomos y mecánica sino de confrontación social y luchas por el poder.

En sus obras sobre economía política, Marx denuncia lo insostenible del sistema productivo de su época: los propietarios de los medios de producción industrial, es decir, los capitalistas, compran la fuerza de trabajo del proletariado cada vez a precio más bajo, de modo que van convirtiendo a los obreros primero en explotados y luego en pobres miserables. Es cierto que los burgueses capitalistas fueron imprescindibles históricamente para acabar con el feudalismo y la aristocracia, pero ahora se han convertido en un obstáculo para que llegue a realizarse la futura sociedad, sin clases ni jerarquías sociales, en la que se emanciparán los trabajadores proletarios y todos seremos igualmente propietarios de lo común (de ahí el nombre de «comunismo»). Por tanto, la revolución social no es una exigencia moral ni un imperativo ético, sino una **necesidad** histórica que debe acelerarse sublevando por medio de la crítica y el adoctrinamiento a los explotados que aún no saben que lo son.

En el terreno económico, Marx describió con bastante acierto la situación de su época —los comienzos de la era industrial—, pero no previó que las propias luchas sociales fomentadas por su pensamiento corregirían muchos de los males que señalaba y frenarían la pauperización de los trabajadores. Los verdaderos triunfos revolucionarios que consiguió su doctrina no consistieron en un cambio de gobierno tras una guerra civil (que era lo que muchos esperaban e intentaron a lo largo del siglo en varios países), sino en conquistas como el Estado de bienestar, la seguridad social en materia de salud y educación, etcétera, arrancadas por la fuerza a los capitalistas, que precisamente querían evitar así males mayores. En cambio, en algunos países en que aparentemente triunfó y exterminó a sus adversarios —la Rusia soviética primero, luego la China de Mao, la Cuba actual, etcétera—, el comunismo marxista se convirtió en justificación ideológica de dictaduras sanguinarias que acaban con las libertades sin propiciar realmente la justicia ni el desarrollo social. En tales casos es lícito recordar que el propio Marx dijo en alguna ocasión: «Yo no soy marxista».

⊲ ⊲ ⊲

Es frecuente que los filósofos hayan sido críticos con las ideas de sus colegas pasados o presentes, pero casi siempre

han guardado las formas corteses y al menos cierta apariencia de respeto por ellos. Una notable excepción a esta regla
fue Schopenhauer, que atacó con pocos miramientos a los
idealistas Fichte, Schelling y sobre todo a Hegel, al que califi-
có de «farsante», «criatura ministerial» y «cabeza de alcor-
noque», entre otras lindezas. A su juicio, estos representantes de la filosofía académica prusiana son simples burócratas
que pervierten la verdad y no pretenden más que transmitir
ideas edificantes en apoyo del Estado y de las instituciones:
nunca entristecen ni preocupan a nadie porque en el fondo
su mensaje es siempre teológico, una variante disimulada del
optimismo metafísico inaugurado por Leibniz.

Arthur Schopenhauer nació en Danzig, en la actual Po-
lonia, hijo de un comerciante que se volcó en su educación
y de una madre novelista (con cierto éxito popular) a la que
detestaba cordialmente y que le devolvía igual «cariño». Casi
adolescente viajó por Francia e Inglaterra para conocer el
mundo: la muerte de su padre —quizá un suicidio— le aho-
rró el disgusto de tener que dedicarse al comercio y le propor-
cionó una renta suficiente para poder practicar la filosofía,
su auténtica vocación. Recién cumplidos los treinta años publicó su obra fundamental, *El mundo como voluntad y representación,* que para su gran indignación pasó inadvertida
durante décadas. Intentó dar clases en la Universidad de Berlín, pero con poquísimo éxito: se empeñó en poner su curso a la misma hora que el de Hegel, entonces en pleno auge
de su fama, y no consiguió audiencia (lo que tampoco au-
mentó su simpatía por su celebrado colega). Se instaló definitivamente en Frankfurt, donde se dedicó a escribir apéndices
y corolarios a su obra principal. A los sesenta y tres años los
reunió en una compilación llamada *Parerga y Paralipome-*

na, en la que trataba los temas más diversos: desde consejos sobre el amor y las mujeres hasta consideraciones sobre los fantasmas, los duelos o la locura. Y entonces obtuvo por fin el éxito y el reconocimiento que se le habían escapado toda su vida. Murió poco después, bastante satisfecho de sí mismo.

Arthur Schopenhauer

Aunque veneraba a clásicos como Platón, Hume o Goethe (a quien había tratado personalmente en las reuniones literarias que organizaba su madre), para Schopenhauer el mayor genio filosófico de todos los tiempos fue Kant. No todo Kant le convencía, desde luego: sólo le interesaba el autor de la *Crítica de la razón pura* y se burlaba del piadoso moralista creyente. También él trató de perfeccionar y hacer menos cauteloso el pensamiento kantiano, igual que sus detestados idealistas académicos, pero para ello recurrió a una influencia insólita y verdaderamente original: la sabiduría hindú de los *Upanishad,* que conoció en la versión del orientalista francés Anquetil Duperron. Desde que algunos de los griegos que acompañaron hasta la India al gran Alejandro trajeron actitudes allí aprendidas (por ejemplo de los que llamaron **gimnosofistas** o «sabios desnudos», renunciativos y marginados por la sociedad común), ningún filósofo se había interesado por los saberes asiáticos. Con Schopenhauer, Oriente se incorpora al pensamiento europeo moderno: su gabinete de trabajo, desprovisto de cualquier fetiche religioso cristiano, estaba presidido por una imagen de Buda.

Schopenhauer asume que lo que conocemos de la realidad no es más que nuestra **representación** de lo que hay, es decir, lo que Kant denominaba el «fenómeno». O sea, aquello que causa en nuestro cuerpo todo lo que está fuera de nosotros. Pero esa representación no proviene de nuestro entendimiento sino de nuestra intuición vital, a partir de la cual operará después la razón y sus conceptos abstractos. A fin de cuentas, la representación no es sino lo que los hindúes llamaron «el velo de Maya», el conjunto de ilusiones producidas por nuestros deseos y apetencias vitales, que encubren lo que no les interesa y embellecen lo que prefieren. Porque lo que de verdad cuenta para nosotros del mundo es lo que la **voluntad** que fundamentalmente nos constituye quiere de él, una demanda infinita que siempre desea más y más, sin contentarse nunca con nada, anhelando algo nuevo en cuanto conseguimos lo que habíamos apetecido. En verdad no es nuestra razón idealista la que dirige cuanto queremos, sino nuestro salvaje e inconsciente querer el que domina cuanto entendemos y razonamos.

Todos los grandes pensadores, desde los griegos, han supuesto que lo que está bien en el mundo es la totalidad en su conjunto, y que los males provienen de nuestra individualidad caprichosa y equivocada. Schopenhauer opina lo contrario: el mundo es dolor, porque el querer nunca está satisfecho y todo lo que existe es puro apetito de obtener más y más, sin tregua ni objetivo final. Todos los seres sufren —cada cual a su modo— porque ninguno se cansa de querer ni consigue de la vida más que insatisfacción. Pero precisamente el ser humano puede, por medio de su razón, darse cuenta de este absurdo y frenar su querer, apaciguarlo o incluso, en casos geniales, renunciar a la voluntad voraz. Primero, por medio del arte, que nos distancia del mundo y lo representa sin obligarnos a sufrir y desear (el arte superior es la música, por medio de la cual podemos escuchar a qué suena la voluntad sin vernos implicados en ella); después por la **compasión**, el fundamento de toda moral, que nos hace comprender los sufrimientos del resto de los seres, no sólo humanos, sino también animales (los defensores de la caza o las corridas de toros no encontrarían ninguna simpatía en Schopenhauer), y renunciar a causarles daño para imponer nuestros deseos; finalmente, en la santidad (sin dioses ni clero, desde luego), que hace a unos pocos renunciar a la procreación e incluso al deseo cruel de vivir y les permite dejarse extinguir suavemente en el nirvana, esa nada sin deseos ni estímulos dolorosos de los budistas.

Las recomendaciones de Schopenhauer sobre el amor sexual, la política o las relaciones sociales no llegan hasta predicar la santidad misma y la renuncia completa, pero pretenden reducir al mínimo los padecimientos de la vida utilizando el sentido común. Como —a diferencia de tantos colegas filósofos— fue un excelente escritor, claro e ingenioso hasta cuando habla de temas muy abstrusos, sus consejos para vivir mejor —o quizá un poco menos mal— llegaron a ser muy populares y fueron más leídos que el resto de su filosofía. Un ejemplo de su perspectiva pesimista es la fábula de los puercoespines en invierno como metáfora de la vida social: cuando llega el frío invernal, los puercoespines se arriman unos a otros para darse calor, pero no pueden acercarse demasiado porque se pinchan con las púas de sus semejantes y deben guardar las distancias: lo mismo que los humanos buscamos la compañía de los demás para no perecer de soledad y hastío, pero no podemos frecuentarnos demasiado de cerca sin herirnos unos a otros con nuestras ambiciones opuestas.

🕊 🕊 🕊

Hegel basó su sistema en la necesidad y el Todo; nadie se le opuso con tanta radicalidad como Kierkegaard, que no tuvo sistema alguno pero defendió contra viento y marea la posibilidad y el individuo. Søren Kierkegaard nació y vivió toda su vida en Copenhague, la capital de Dinamarca. Su padre fue una persona atormentadamente religiosa y transmitió a Søren su obsesión por la culpa, la difícil salvación y la lejanía de Dios. Kierkegaard estudió filosofía en Berlín con Schelling, pero nunca llegó a ser profesor ni tampoco pastor protestante, a pesar de que buena parte de su obra son sermones y meditaciones religiosas. En realidad siempre fue por libre, escribiendo textos breves sumamente originales y literariamente excelentes en los que con frecuencia hace gala de un talante irónico (precisamente su primer ensayo versó sobre el concepto de ironía) y que firmó con una serie de ingeniosos seudónimos, cada uno de los cuales brindaba una

nueva perspectiva personal. A pesar de su físico poco afortunado (era contrahecho), mantuvo un largo noviazgo con la hermosa Regina Olsen, que rompió poco antes de la boda por tribulaciones íntimas sobre las que sólo podemos hacer conjeturas. En sus últimos años padeció las burlas de la revista satírica *El corsario,* que le hicieron sufrir mucho, y se enfrentó polémicamente al respetado teólogo hegeliano Martensen, lo que le dejó aún más aislado e incomprendido. Murió a los cuarenta y dos años y reclamó como epitafio sólo dos palabras: «Aquel individuo».

A Kierkegaard le interesa por encima de todo (y del Todo) el individuo concreto, el que existe y sufre, aquél para quien la verdad es algo que recibe sentido de su propia vida.

También Hegel habla en su sistema de lo concreto y de la verdad, pero en realidad son meros rótulos abstractos porque para él sólo cuenta el despliegue de la razón y no la experiencia vivida. Su filosofía, dice Kierkegaard, es como una tienda en cuyo escaparate hay un cartel que pone: «Lavandería»; al verlo, uno decide llevar allí su ropa sucia para que se la laven, pero luego se entera de que lo que en ella se ofrece no es el servicio de limpieza, sino sólo el cartel de marras, que está en venta.

Lo que el individuo conoce y lo que le atormenta no es la necesidad, sino la **posibilidad.** El tormento proviene de que junto a la posibilidad positiva, como «posibilidad-de-

que-sí», está también la posibilidad-de-que-no, la posibilidad de lo imposible, es decir, la posibilidad de la nada que aniquila todo lo posible. La posibilidad depende de nuestra libertad, que debe elegir, pero también de las circunstancias de todo tipo en las que debemos elegir y las cuales no hemos elegido. Como agentes, intervenimos en lo posible, pero no somos dueños de su resultado efectivo. Enfrentarse a ese vértigo incierto de la posibilidad nos produce **angustia**, el escalofrío ante el permanente «quizá» que se abre ante nosotros como una tentación, es decir, como lo que juntamente nos atrae y nos espanta. Por supuesto, el lugar propio de la posibilidad es el futuro, lo aún no ocurrido hacia lo que nos precipitamos. Pero no menos está presente en el pasado, porque allí donde Hegel quiere ver una necesidad racional ya cumplida, Kierkegaard sigue contemplando posibilidades que han sido pero pudieron no ser: pendiente de cada instante del pasado está también la misma nada que amenaza los pasos del porvenir.

Para los individuos angustiados por la posibilidad, considera Kierkegaard que se dan tres estadios de existencia (lo cual no deja de ser una concesión a la tríada dialéctica hegeliana, aunque según él cada uno de esos estadios puede conducir al siguiente, pero no necesaria e inexorablemente). El primero es el estadio **estético**, en el que se vive poética y luminosamente, eligiendo siempre lo exquisito, lo excepcional y más placenteramente satisfactorio. Todo lo banal, rutinario y sacrificado de la existencia es ignorado o abolido. Así viven los grandes seductores, pecaminosos pero deslumbrantes, como el Don Giovanni de la ópera de Mozart o el Juan que protagoniza el *Diario de un seductor,* del propio Kierkegaard. Pero la maldición del estadio estético es el aburrimiento desesperado en el que siempre desemboca, porque la perpetua busca de lo nuevo y excelso termina aniquilado por el hastío y la insustancialidad.

El segundo estadio es el **ético**, en el cual se alcanza no ya una vida que sólo pueden disfrutar los excepcionales originalísimos sino la que todos pueden vivir, sometiéndose al deber y al compromiso acatado. El matrimonio es el gesto ético por excelencia —frente a la veleidad del seductor—, y también el trabajo, que cumplimos como obligación y que cualquier otro podría igualmente hacer en nuestro lugar. Pero en la disciplina de la ética se asume sin remedio la culpabilidad que encierra cada individuo en su vida, la disposición siempre pendiente al mal que sólo el acatamiento a la ley nos permite aplazar. Por tanto, la ética es constantemente vivida como perpetuo arrepentimiento y sin remedio como algo insuficiente para quien desea la perfección.

De aquí la posibilidad (no certeza, ni necesidad) de un tercer estadio, el **religioso**. En él se puede ir más allá del deber y de la ley moral, dando el salto hacia lo que escapa a toda razón y necesidad pero puede salvar eternamente nuestra individualidad. En su libro *Temor y temblor* (título admirable al que hace un guiño el de este que vas leyendo) cuenta Kierkegaard el caso de Abraham, al que Jehová —sin darle ningún tipo de explicaciones— ordena el sacrificio de su hijo Isaac. Se trata de una terrible violación de la ética normal en nombre de la fe que el patriarca acepta con angustia, aunque finalmente se ve dispensado de su cumplimiento. Abraham se arriesga a desafiar las normas morales en busca de algo superior a la ética misma, aunque racionalmente parezca un desatino. Creer más allá de la lógica y sus explicaciones para acabar finalmente con todo temor y toda culpa. Ésta es, según Kierkegaard, la función de la fe en un Dios infinitamente extraño al que no podemos comprender con la razón pero que puede salvarnos de la angustia a través de la sinceridad de la angustia misma con que lo reclamamos.

⇥ ⇥ ⇥

En cambio, el francés Auguste Comte coincide en bastantes cosas con la visión hegeliana de la sociedad y de la historia, pero no podemos decir que sea discípulo o imitador del germano por una sencilla razón: nunca le leyó. En líneas generales, Comte era bastante adverso al mucho leer, porque según él impedía el razonamiento personal y sin prejuicios. De modo que no leyó a Kant ni a Hegel ni a casi ninguno de los grandes filósofos, o al menos eso dijo. Comte nació en Montpellier y fue profesor de matemáticas en París, pero su carrera académica se vio truncada por la publicación de sus obras filosóficas, que gustaban muy poco a sus colegas más conservadores. Durante un tiempo colaboró con el socialista utópico Saint-Simon (cuyas teorías son un precedente del marxismo, aunque fuese muy criticado por Marx), tuvo problemas psiquiátricos a los que logró sobreponerse y fue amante de Clotilde de Vaux, que se convirtió en su musa inspiradora tanto durante su vida como, sobre todo, después de su temprana muerte. Además de fundar una nueva escuela filosófica, el **positivismo,** intentó también reorganizar por completo la sociedad de su tiempo y propuso una nueva religión social sin Dios ni seres sobrenaturales, pero con diversos santos tutelares entre los que incluyó en lugar destacado a su amada Clotilde.

Comte es el precursor de lo que hoy llamamos «sociología», es decir, el estudio más o menos científico de las formas sociales. Según él, son tipos de conocimiento los que caracterizan a los conjuntos humanos. Cada sociedad (y en cierta medida cada individuo) pasa por tres estadios: el estadio **teológico** —dividido a su vez en fetichismo, politeísmo y monoteísmo—, en que todo lo que ocurre se atribuye a la intervención de uno o varios seres sobrenaturales; el estadio **metafísico**, en el que se supone que la causa de los sucesos son fuerzas abstractas, como la voluntad o lo absoluto, y el estadio **positivo** o científico, en el que los hechos observados se explican por las relaciones mutuas y las leyes de ellas derivadas. Comte situaba a su época a finales del estadio segundo y comienzos del tercero.

Para Comte, el progreso social significa desarrollo del orden y del control en la sociedad. En sus planteamientos, tiene más de Sumo Sacerdote (e incluso de Gran Inquisidor) que de sabio. Por ejemplo, sostiene que deben ser proscritas todas aquellas formas de investigación científica que no contribuyen de forma inmediata y verificable al bienestar social por ser demasiado especulativas (si se le hubiera hecho caso, se habría acabado toda la ciencia moderna: ¡adiós a la teoría de la relatividad o la física cuántica!). La moral se resume en el precepto «Vivir para los demás». Los filósofos positivistas deberían ser los rectores absolutos de un nuevo orden social, la sociocracia, en el cual, como intérpretes de la Humanidad, tendrían derecho a dictar leyes indiscutibles a los individuos para imponer el orden conveniente a la mayoría. Un nuevo catecismo positivista debe enseñar a los ciudadanos sus obligaciones; un nuevo calendario promocionará como santos de cada día a científicos, héroes y políticos, mientras que se adorará colectivamente al Gran Ser —la Humanidad— así como al Gran Fetiche (el mundo) y al Gran Medio (el espacio, que también sería expresión de nuestra gran fatalidad). Bueno, en cierta época de su vida Auguste Comte pasó una temporada en el manicomio, pero viendo algunas de sus propuestas sociales podría pensarse que salió demasiado pronto...

La filosofía inglesa estuvo marcada por los planteamientos del **utilitarismo**, cuyo pionero fue Jeremy Bentham, heredero de la tradición que va de Hobbes a Hume. Bentham se ocupó de filosofía moral y de filosofía del derecho, pero también fue filántropo y reformador social. Lo mismo escribía sobre el método para descubrir falacias en la argumentación de los políticos como diseñaba un nuevo tipo de cárcel supuestamente más humana que las de su época —el **Panóptico**—, en la que los guardianes tenían en todo momento a los reclusos a la vista. A pesar de su timidez, con los años se fue haciendo un adversario cada vez más osado de las ideas religiosas. Junto con otras personalidades progresistas fundó el University College de Londres y a su muerte le dejó un legado poco usual: su propio esqueleto, con una máscara de cera con su rostro, vestido con sus ropas y guantes, sentado en una silla y tocado con un gran sombrero. Lo pusieron en una vitrina —algo había que hacer con él— y, si no me equivoco, allí sigue todavía.

La doctrina utilitarista basa toda su normativa en este principio: actúa de tal modo que consigas la mayor felicidad para el mayor número de personas. Bentham quería convertir la moral en una ciencia exacta, como la física. Para ello había que fundarla en hechos indudables, como son el dolor y el placer. Decir que una acción es buena equivale a señalar que nos causa placer; asegurar que es moralmente buena equivale a declarar que causa placer a la mayoría, o sea, que resulta útil porque aumenta la felicidad general. La dificultad estriba en que no resulta sencillo calcular placeres y dolores. Por ejemplo: ¿es mayor el placer que me produce a mí el bello cuadro de Goya que tengo en mi casa que el placer del mendigo aterido de frío que podría calentarse gracias a él, si lo quemo en la chimenea?, ¿es mayor, menor o igual el placer de comer un bocadillo de jamón que el de escuchar un aria de ópera? (en el supuesto de que le gusten a uno el jamón y la ópera, claro). También hay valores, como la justicia, difíciles de reducir a una cuestión de placer o dolor: ¿sería justo, es decir, moralmente valioso, conseguir el bienestar de todo un país al precio de torturar y ejecutar a un inocente?

⇜ ⇜ ⇜

Las ideas utilitaristas fueron explicadas de forma más convincente y matizada por John Stuart Mill. Fue el hijo de James Mill, uno de los mejores amigos y discípulos de Bentham, que le educó de una manera cuidadosa pero severísima. Aunque es evidente que John aprendió así muchas cosas, también resulta claro que le robaron todos los placeres de la infancia, de lo que se quejó más tarde en su interesante *Autobiografía*. Stuart Mill es uno de los personajes más amables de la filosofía moderna: aunque no tenía mucho sentido del humor —con una educación como la suya no es fácil desarrollarlo—, era un espíritu generoso y noble, intelectualmente honrado y minucioso argumentador. Especialista en obtener sensatez de doctrinas algo locoides, escribió un libro sobre Auguste Comte donde destacó los aspectos más interesantes de su pensamiento sin ocultar sus muchas ridiculeces. También escribió un breve ensayo titulado *Utilitarismo*, en el que aboga por un hedonismo cualitativo según el cual debe haber una jerarquía de placeres y establece, por ejemplo, que es mejor «ser un hombre descontento que un cerdo satisfecho».

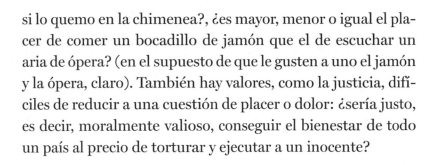

Aunque no era creyente —como buen inglés no aceptaba en cuestión de conocimiento más que lo que aportan nuestros sentidos—, se esforzó por encontrar la utilidad social y personal de las doctrinas religiosas, incluso la de la inmortalidad del alma, aunque no se le ocultaron tampoco sus peligros de superstición e intransigencia.

En sus reflexiones sobre economía política, Stuart Mill defiende el individualismo liberal frente a las pretensiones de los socialistas utópicos y los comunistas de convertir al Estado en planificador de la economía. Pero sin embargo no niega a éste otras funciones sociales importantes: por ejemplo, obligar a los niños a ir a alguna escuela, controlar las jornadas laborales para impedir los perjuicios de salud y la explotación, regular la emigración para contrarrestar la superpoblación, garantizar la libertad de asociación de los trabajadores y su participación en la empresa, supervisar las sociedades caritativas, prevenir el maltrato a los animales...

Sobre todo, debe acabar con el poder despótico de los hombres sobre las mujeres y asegurar a éstas idénticos derechos y plena protección legal, aspectos que defendió en su libro *La servidumbre de las mujeres*, obra pionera en las ideas feministas. Tal como le sucedió a Comte, también hubo en la vida de Stuart Mill una mujer —Harriet Taylor— que influyó decisivamente en su pensamiento y que murió tempranamente, dejándole un gran vacío. En colaboración con ella escribió su obra maestra, *Sobre la libertad*, un libro muy bello y muy inteligente en el que reivindica la autonomía del individuo frente a la tiranía de la mayoría (que había apoyado Auguste Comte) y sostiene que la única razón por la que la autoridad puede intervenir para coaccionar la voluntad de una persona es evitar un perjuicio a los demás. En el resto de las cuestiones, la función de la autoridad estatal sólo debe ser garantizar un marco de condiciones que permitan a cada cual tomar sus propias decisiones bien informado y tras la debida reflexión.

◖ ◖ ◖

Lo mejor de la filosofía es que en ella se encuentran protagonistas tan diferentes como los múltiples aspectos de la vida misma: junto a un pensador propenso a las reflexiones útiles y razonadamente sensatas —incluso a veces **demasiado** sensatas— como John Stuart Mill aparece otro arrebatado, truculento y efervescente como Friedrich Nietzsche, quizá uno de los más personalmente geniales y a la vez controvertidos de toda la historia moderna de las ideas. Nació en la villa germana de Röcken, hijo de un pastor protestante que murió cuando él aún era niño, y estudió filología clásica en Bonn y Leipzig. Su enorme y original inteligencia le hizo destacar muy pronto, hasta tal punto que con sólo veinticuatro años se le ofreció una cátedra de su especialidad en la universidad suiza de Basilea. Allí trabó amistad con el compositor Richard Wagner, al que en un principio admiró mucho y con quien luego tuvo una sonada ruptura. Por entonces publicó su primera obra, *El origen de la tragedia,* que le granjeó la animadversión de sus colegas filólogos más conservadores: la repercusión de ese libro y su mala salud, que empezó en la misma época a causarle serios problemas, dio al traste con su carrera académica. Más adelante dijo que tuvo que elegir entre ser catedrático de filología o un dios, y eligió lo segundo... por modestia.

Dejó la enseñanza y vivió sin lujos de su herencia pa-
terna, vagabundeando por diversas localidades de los Alpes
suizos o del norte de Italia y publicando a sus expensas obras
más que notables pero ignoradas por casi todo el mundo.
Conoció a una joven de origen finlandés que era hermosa y
sabia, Lou Andreas-Salomé, en la que creyó encontrar una
compañera del alma como la que tuvieron Comte y Stuart
Mill pero que rechazó su oferta de matrimonio para casarse con uno
de sus mejores amigos. La
salud física y sobre todo
mental de Nietzsche
se deterioró cada vez
más. Durante una
estancia en Turín
llegó el desplome
definitivo: al ver
que un cochero
azotaba a un
caballo sin
fuerzas en

Friedrich Nietzsche

una céntrica plaza, se abrazó llorando al cuello del animal para compartir su castigo. Los últimos diez años de su vida los pasó sumido en una demencia más o menos pacífica al cuidado de su hermana Elisabeth, quien se dedicó a editar sus libros con más instinto comercial que fidelidad a su pensamiento. Durante esa época de consciencia ausente alcanzó en toda Europa la celebridad merecida que nunca pudo gozar años antes.

Ante todo, Nietzsche fue un seguidor de las doctrinas de Schopenhauer, pero como ya tantas veces hemos visto que pasa entre filósofos, el mejor discípulo fue también quien más radicalmente contradijo las conclusiones del maestro. Igual que Schopenhauer, Nietzsche contempló el mundo como una realidad caótica y atroz, llena de dolor y carente de piedad, sin un sentido ni una finalidad superior y armoniosa. Esta perspectiva schopenhaueriana había sido en cierta medida corroborada por la teoría de la evolución expuesta por Charles Darwin en *El origen de las especies,* quizá la obra científica filosóficamente más influyente de su siglo... y del nuestro. Darwin acaba con la superstición de que el funcionamiento de los seres naturales responde a un plan creador: en realidad, lo que predomina es una selección marcada por la supervivencia de los mejor adaptados a su medio, que son quienes aseguran en mayor número su descendencia en la implacable lucha por la existencia. No hay un objetivo final, sólo el «sálvese quien pueda» en la tormenta inmisericorde de la vida que quiere a toda costa perpetuarse...

Ante esta realidad dolorosa y feroz, Schopenhauer recomendó la gradual renuncia a la voluntad de vivir, de modo semejante a otras actitudes religiosas —por ejemplo, el cristianismo— que aconsejan resignación y mansedumbre en el terrible trance de la vida. La diferencia fundamental entre ambas posturas es que el ateo Schopenhauer no esperaba nada mejor que el nirvana, la aniquilación renunciativa, mientras que el cristianismo espera otro mundo feliz más allá de este mundo, donde la existencia reciba sentido y disfrute de armonía fraterna. Nietzsche se enfrenta aquí al dolorido ateo y a los piadosos creyentes: según él, hay que aceptar la vida tal cual es, absurda y trágica, con sus momentos de éxtasis glorioso y sus terribles sufrimientos. Se trata de amar la vida, porque en eso consiste la salud frente a los enfermos —físicos o mentales—, que no pueden soportarla. Pero el amor a la vida impone amar también sus aspectos atroces y despiadados. Por tanto, es preciso cambiar nuestros valores morales, darles la vuelta como quien vuelve de dentro afuera un calcetín: basta ya de recomendar resignación, humildad, sacrificio, ternura y de ensalzar al débil como si por serlo fuese «bueno»; los valores deseables son en realidad la fuerza y la audacia, la energía y el orgullo. El fuerte y valeroso, que vive confiando en las altas lecciones del cuerpo y no cree en el más allá, no es culpable de su afirmación vital y, por tanto, el resentimiento de quien le teme o le envidia desde su flaqueza y aspira a otro mundo en el que pueda verle castigado no es fuente de mérito ni fundamento de normas morales dignas de tal nombre.

Schopenhauer había convertido la ciega voluntad en fundamento de lo real: pero, para Nietzsche, existe en el hombre la posibilidad de la **voluntad de poder,** es decir, la capacidad de ir más allá de uno mismo por medio de la creación y el júbilo que a veces destruye para inventar luego mejor. La voluntad de poder caracteriza al gran artista que no se encuentra bajo el patronato del dios Apolo, razonador y amante de la armonía clásica, sino más bien bajo el de Dionisos, propicio al arrebato inspirado y al desorden orgiástico, que todo lo trastoca y se arriesga a los máximos peligros espirituales. El ser humano proviene de la evolución de formas inferiores, bestiales, como nos ha demostrado Darwin, pero no es el final del camino: más allá está el **superhombre**, capaz de vivir gozoso sin creer en recompensas ultramundanas y también de soportar su soledad de individuo creador que no precisa del apoyo estupefaciente del rebaño social. El superhombre acepta el **eterno retorno** de cada momento, es decir, acepta que todo pasa y vuelve de modo infinito pero siempre merece ser asumido con un eterno «¡Sí!» que nunca traiciona la fidelidad al gozo terrestre de la vida.

Todo el pensamiento de Nietzsche, paradójico y casi siempre provocativo (con ironía dijo de sí mismo: «Yo no soy un hombre, soy dinamita»), está expuesto en obras de alto rango literario compuestas en forma de aforismos y breves textos de enorme poder sugestivo, nunca como tratados o estudios académicos. Su libro más célebre y el mejor compendio de su pensamiento, *Así habló Zaratustra,* es una especie de poema didáctico que remeda a la Biblia y también a obras religiosas orientales, pero para transmitir con una retórica a veces altanera, aunque no exenta de secreto humorismo, un mensaje sumamente diferente.

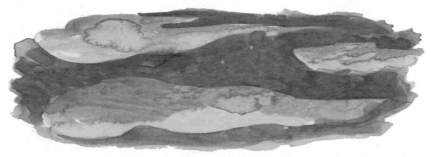

Alba y Nemo se encuentran en una barricada, en plena agitación revolucionaria, con un fondo de voces y banderas subversivas enfrentadas a cargas policiales.

NEMO.—¡A las barricadas! ¡No a la represión! ¡Viva el pensamiento libre!

ALBA.—Caramba, yo creía que esto de la filosofía era una cosa tranquila, un viejo profesor explicando la lección en su aula, algo sosegado y pacífico...

NEMO.—¡Pues ya ves que no! ¡Se trata de la libertad, de que los hombres se quiten de encima supersticiones y ortodoxias que los mantienen encadenados! ¡Viva la revolución! ¡Abajo el silencio de los borregos dóciles! ¡No soy un hombre, soy dinamita!

ALBA.—¿De veras? En fin, tampoco hay que pasarse... Pero la verdad es que doña Filosofía parece haberse hecho cada vez más subversiva con el paso de los siglos. Al principio eran los filósofos quienes vivían amenazados y ahora resulta que son ellos quienes amenazan la tranquilidad de todo el mundo. No sé cómo acabará esto...

NEMO.—¡Qué tranquilidad ni qué niño muerto! ¡Cuando el hombre piensa, tiemblan los cielos! ¡Se acabó la siesta! Ya nada volverá a ser como antes...

ALBA.—Seguro que no, de eso se encarga el paso del tiempo. Y la historia, que no tiene moviola. Venga, cálmate un ratito, que los revolucionarios seguro que pueden pasarse sin tu ayuda el próximo cuarto de hora. Oye, ¿te has fijado...?

NEMO.—¿Qué? ¡No me ocultes nada, estoy dispuesto a todo!

ALBA.—Pues sí que te ha dado fuerte... No, sólo iba a decir que si te has fijado en que cada vez hay más filósofos.

NEMO.—Me parece que en eso tienes razón. Es como una epidemia, ¿no?

ALBA.—Algo parecido. Pero es que, además de ser muchos, cada vez son más radicalmente opuestos. Aunque aprenden unos de otros, sus conclusiones se alejan que da gusto verles.

NEMO.—¡Claro, clarinete! Los hay partidarios del Todo y partidarios del Individuo; los unos son forofos de la Razón y los otros de la Voluntad; algunos quieren que el Estado controle todo lo controlable y los demás que el Individuo disfrute de libertad casi ilimitada; los hay muy ateos y muy creyentes. En fin, que no sabe uno a qué carta quedarse. Vaya jaleo, ¿no?

ALBA.—De jaleo, nada. Se trata de otra cosa. Lo que tú decías y que tanto te gusta.

NEMO.—¿Que a mí me...? Pero ¿de qué se trata?

ALBA.—No te hagas el distraído: es la revolución.

CAPÍTULO 10

Sucedió ayer mismo

Hasta ahora, todos los filósofos de los que hemos hablado han sido europeos. Nacida en Grecia (junto a la democracia), la filosofía es un tipo de sabiduría peculiar de nuestro continente, aunque desde sus orígenes no ha estado exenta de influencias venidas de Oriente y del norte de África. Pero con el paso de los siglos se ha ido extendiendo al mundo entero y hoy encontramos filósofos en cualquier continente. El primero al que llegó desde su tierra de origen fue América, llevada por los pioneros hispanos y anglosajones. Y sin duda el país en el que ha tenido representantes modernos y contemporáneos de mayor importancia ha sido Estados Unidos.

Por ejemplo, Ralph Waldo Emerson, que nació y vivió en Nueva Inglaterra, donde cultivó la amistad de otras figuras

intelectuales destacadas como Henry Thoreau y los novelistas
Nathaniel Hawthorne y Herman Melville (el autor de *Moby
Dick).* Como ellos, Emerson estuvo marcado por la majestuosa presencia de la naturaleza, a la vez acogedora y amena-
zante en su silenciosa inmensidad. Llamó a su pensamiento
trascendentalismo, y en él se combinan influencias he-
gelianas con algunas que pueden remontarse hasta Spinoza.
El trascendentalismo es una suerte de idealismo panteísta: la
realidad está presidida y dinamizada por una fuerza superior
de alcance cósmico, a la que podemos llamar **Superalma** o
sencillamente Dios. Tanto el mundo natural como el cuerpo

Ralph Waldo Emerson

humano proceden de ella, aunque difieren en que el primero se somete directamente a las leyes divinas mientras que el segundo es dirigido por la voluntad humana. Pero el hombre debe encauzar su acción según el modelo ético que puede leer en la organización de la naturaleza que habita: lo mejor de su destino es vivir en armonía con esa Superalma que todo lo mueve, cuyos dictados puede conocer tanto por la reflexión filosófica como por la poesía.

El propio estilo literario de Emerson mezcla el ímpetu poético con la capacidad razonadora. Su concepción de la historia idealiza la biografía de los grandes hombres, que son quienes en cada época mejor sintonizan con la fuerza cósmica. Emerson fue un decidido partidario de la abolición de la esclavitud, contra cuya abominación escribió páginas de elevada nobleza, y su obra —en la cual prevalece un tono optimista— inspiró en gran medida el pensamiento político de Abraham Lincoln y los creadores de los Estados Unidos actuales: ¡sin duda hubiera votado con entusiasmo por la presidencia de Barack Obama!

⊰ ⊰ ⊰

La actitud filosófica de mayor arraigo en Estados Unidos a finales del siglo xix y a lo largo del xx es la conocida con el nombre de **pragmatismo**. Así la llamó su iniciador, Charles Sanders Peirce, que había estudiado para químico aunque su vocación fue filosófica. Un poco a la manera de Descartes, también Peirce se ocupó sobre todo de cómo hacer claras nuestras ideas (éste es precisamente el título de una de sus obras más conocidas). Pero no pretende partir de una duda universal, sino más bien de las dudas concretas y parciales que suscitan algunas de las ideas comúnmente aceptadas. Para resolver esas perplejidades, lo mejor es considerar los efectos que en el mundo real tienen tales o cuales creencias. Lo que pensamos de las cosas es lo que podemos **hacer** con las cosas: nuestras creencias son guías para nuestras acciones y no meras contemplaciones objetivas y desinteresadas del mundo. Así que las ciencias naturales —con sus enormes posibilidades de aplicación y sus avances técnicos— pueden servirnos de modelo para salir de dudas. Lo que debemos considerar **verdad** no es un absoluto ajeno a nosotros y a nuestros propósitos, sino aquello que —según el acuerdo de los principales especialistas en el tema— mejor sirve para inspirar acciones que los cumplan.

Las ideas de Peirce, dispersas en artículos de revistas no siempre muy conocidas y que hasta después de su muerte no fueron recogidos en forma de libro, tuvieron poco impacto en la opinión general. Quien popularizó el pragmatismo fue William James, catedrático de la universidad de Harvard en Nueva York (la ciudad en la que nació), psicólogo y hermano del gran novelista Henry James. Ambos hicieron largas estancias en Europa y Henry se instaló definitivamente en Inglaterra, donde publicó sus mejores novelas y relatos. William James se consideró defensor de un empirismo radical, pero distinto del empirismo clásico de Locke y compañía: para aquellos empiristas, lo que verifica el conocimiento es lo que comprobamos que ha sucedido, mientras que para el americano lo que cuenta es la experiencia futura, lo que esperamos que ocurra. Es la parte volitiva de nuestro pensamiento (es decir, la que desea y hace proyectos) la que dirige nuestra razón y hasta nuestra experiencia sensible: conocemos lo que conviene a lo que pensamos hacer y de acuerdo con ello. Los empiristas digamos clásicos son escépticos o abiertamente incrédulos en materia religiosa, pero en cambio James encuentra en su empirismo argumentos a favor de las creencias de ese tipo. Si la experiencia religiosa —cuyas diversas formas estudió en una obra célebre— nos ayuda a dar sentido a la vida y dignidad a nuestros comportamientos, tenemos derecho «empírico» a creer.

Continuador del pragmatismo (aunque a su modo, porque él prefería denominarlo «instrumentalismo») fue John Dewey, nacido en Burlington (en el estado de Vermont), que además de filósofo fue pedagogo y reformador social. Para Dewey, el hombre y el mundo conforman una unidad de acción y es imposible que el hombre se relacione con el mundo —sea por medio del arte, la ciencia o la filosofía— de una manera desinteresada y sin verse envuelto en sus vicisitudes históricas o naturales: conocer es aprender a hacer y lo que motiva nuestros afanes en todos esos campos es el deseo de alcanzar una vida más rica en experiencias y posibilidades efectivas. Cada solución obtenida para los problemas que nos planteamos nunca es definitiva y siempre da paso a nuevos enigmas que debemos resolver, en un proceso infinito y abierto: la actitud de Dewey es fundamentalmente **antidogmática**, porque los dogmas de cualquier clase paralizan la riqueza de la búsqueda humana. En esta línea, Dewey concedió gran importancia al tema de la **educación** (llegó a decir que la filosofía no es en el fondo más que una reflexión general sobre la educación) y sus escritos sobre la vinculación entre educación y democracia tuvieron gran influencia en la configuración de nuevos centros y modos de enseñanza en Estados Unidos.

La influencia del pragmatismo nunca ha desaparecido del todo en la filosofía norteamericana, y en nuestros días posmodernos ha vuelto a ponerse de moda en el llamado «pensamiento débil», que tiene en el americano Richard Rorty y en el italiano Gianni Vattimo sus principales representantes. Una de sus características es relativizar el concepto de verdad: siguiendo también a Nietzsche, sostienen que no hay hechos que puedan reputarse indiscutibles y objetivos, sino diversas interpretaciones de la realidad, válida cada una de ellas según la tradición cultural en que se encuadra. En el caso de Vattimo, hay también un intento a lo William James

de rescatar la piedad católica —entendida, desde luego, de
una manera bastante heterodoxa y antidogmática—, apli-
cando lo que el pragmatista americano llamó «la voluntad
de creer».

También los dos más importantes filósofos españoles contemporáneos —Unamuno y Ortega— mantienen formas de
pensar que se aproximan a los planteamientos del pragmatismo, aunque con personalidad propia. El bilbaíno Miguel

Miguel de Unamuno

de Unamuno y Jugo fue catedrático de griego en la Universidad de Salamanca, cuyo rectorado llegó a ocupar durante la República y la guerra civil española. Mantuvo un activo compromiso político durante toda su vida: primero contra la monarquía (lo que le valió la deportación a la isla de Fuerteventura), luego contra la dictadura de Primo de Rivera (se vio obligado a exilarse en Francia), más tarde a favor de la República, para después apoyar el golpe militar de Franco y luego desautorizarlo —«¡Podéis vencer, pero no convencer!»— ya casi a las puertas de la muerte. Quizá resume mejor que nada su actitud intelectual siempre disconforme el título de una de sus colecciones de artículos: *Contra esto y aquello*. Fue un gran escritor que cultivó no sólo el ensayo filosófico, sino también de modo muy personal la novela, la poesía, el libro de viajes y sobre todo los artículos periodísticos, en cuya brevedad se encuentra a veces lo mejor de su pensamiento.

Para Unamuno, lo importante es la vida, la vida humana concreta e individual —no la del hombre abstracto ni mucho menos la de la Humanidad, sino la del «hombre de carne y hueso» que había reivindicado el existencialismo de Kierkegaard, al que llamaba su «hermano»—, y a esa vida debe subordinarse el conocimiento e incluso la verdad. Lo explica de manera contundente en su *Vida de Don Quijote y Sancho*, una recreación de la obra de Cervantes en la que descarta la caricatura y convierte al Caballero de la Triste Figura en un modelo ético e intelectual: «La vida es el criterio de la verdad y no la concordia lógica, que lo es sólo de la razón. Si mi fe me lleva a crear o a aumentar vida, ¿para qué queréis más prueba de mi fe? Cuando las matemáticas matan, son mentira las matemáticas. Si caminando, moribundo de sed, ves una visión de eso que llamamos agua y te abalanzas a ella y bebes, y aplacándote la sed te resucita, aquella visión lo era verdadera y el agua de verdad. Verdad es lo que, moviéndonos a obrar de un modo u otro, haría que cubriese nuestro resultado a nuestro propósito». A don Quijote le tiene por loco porque no se resigna a someter las altas aspiraciones de su vida a las limitaciones «necesarias» de lo razonable y lógico.

La gran rebeldía, según Unamuno, es el rechazo de la necesidad de la muerte y la apetencia de **inmortalidad.** En su ensayo filosófico más importante, *Del sentimiento trágico de la vida en los hombres y en los pueblos,* proclama su negación de la muerte —contra toda razón y toda lógica— y reivindica la inmortalidad personal: pero no la pálida

y desvanecida del alma desencarnada, sino la inmortalidad de cuerpo y espíritu que increíblemente promete la religión cristiana. La muerte, que todo lo iguala, es la gran despersonalizadora, la que extermina lo que de irrepetible hay en cada uno. Por tanto, afirmar la inmortalidad es la mayor reivindicación de la individualidad: mientras la especie zoológica nos impone morir y perdernos en lo indistinto, es nuestra individualidad humana la que quiere seguir viviendo sin pérdida ni olvido. En todo el pensamiento de Unamuno, amigo de las paradojas y abundante en aparentes contradicciones, hay una lucha por alcanzar la fe entre la voluntad que no quiere morir y el escepticismo racional que constata la inevitabilidad universal de la muerte.

Desde comienzos del siglo XIX hubo en España partidarios de la Europa ilustrada y progresista enfrentados a los tradicionalistas conservadores. Unamuno era más partidario de españolizar Europa que de europeizar España. Todo lo contrario que su contemporáneo y rival filosófico Ortega, para quien España era un problema cuya solución se llamaba Europa. José Ortega y Gasset nació en Madrid y fue catedrático de metafísica en la Universidad de la capital, tras haber estudiado en Alemania. Era hijo de un periodista y él mismo colaboró desde muy joven en la prensa, siempre con gran brillantez porque fue un excelente escritor de artículos y ensayos, además de un elocuente conferenciante. Desde posturas liberales y reformistas también llevó a cabo una destacada actividad política: fue apartado de la docencia en la dictadura de Primo de Rivera, apoyó el advenimiento de la República, cuyo radicalismo pronto le decepcionó, se exilió voluntariamente durante la guerra civil y después mantuvo una actitud ambigua de distanciamiento silencioso frente al franquismo. Fundó y dirigió durante largo tiempo la *Revista de Occidente,* una publicación de enorme relieve cultural por medio de la cual se introdujeron en España las más importantes corrientes del pensamiento contemporáneo. El magisterio de Ortega tuvo gran influencia además en Hispanoamérica, y casi todos los pensadores destacados en lengua española de la primera mitad del siglo XX pueden considerarse en mayor o menor medida discípulos suyos.

A diferencia del de Unamuno, su pensamiento es decididamente laico y racionalista. Pero sin que para él la razón sea

algo abstracto, porque está intrínsecamente ligada a la vida, a sus exigencias y problemas: se trata de una **razón vital**. El ser humano no tiene naturaleza sino historia y se ve arrojado a la existencia como a un mar borrascoso: somos una especie de náufragos que debemos utilizar el pensamiento y la cultura como tablas de salvación para no hundirnos en el abismo aniquilador. En *Meditaciones del Quijote,* al comienzo de su trayectoria, estableció: «Yo soy yo y mi circunstancia; y si no la salvo a ella, no me salvo yo». Es decir, que el individuo viviente y pensante no puede desligarse ni tampoco desentenderse del contexto histórico en que su vida real ocurre: para vivir mejor debemos regenerar el ámbito sociocultural en donde nuestra existencia tiene lugar.

Una de las distinciones más fecundas es la que establece Ortega entre **ideas** y **creencias**. No es lo mismo pensar una cosa que contar con ella. Las creencias son aquello con lo que contamos, sobre lo que se establece nuestra vida espontánea y necesariamente: por ejemplo, que el armario no hará desaparecer la ropa que he guardado en él o que soy, al despertarme por la mañana, el mismo que se acostó la noche anterior. Pero a veces, en las épocas de crisis, las creencias vacilan y nos encontramos trompicando desequilibradamente sobre dudas. Es entonces cuando nos dedicamos a fabricar deliberadamente ideas, cosas en las que en realidad no creemos pero que nos sirven para defendernos frente a las dudas: la filosofía, la religión y el arte son mecanismos de creación de ideas. La diferencia es que las ideas las «tenemos», mientras que en las creencias «estamos». Por decirlo de otro modo: el hombre puede llegar a morir por una idea, pero solamente puede vivir de la creencia.

Ortega rechaza tanto la postura idealista como la realista en cuestión de conocimiento. Para él, nuestro saber del mundo es cuestión de **perspectiva,** o sea, que ni inventamos la realidad ni somos un simple trozo de ella, sino que a modo de pantalla reflejamos lo que existe, seleccionando y prefiriendo lo que creemos más conveniente para nuestra vida. En sí mismos, los objetos no son problemáticos, pero la perspectiva que tenemos de ellos responde a nuestros problemas vitales: son lo que representan para nosotros. Quizá el libro más conocido de Ortega sea *La rebelión de las masas,* en el que describe al hombre contemporáneo como un hombre-masa, adocenado y gregario pero exigente en sus caprichos, que no respeta a las élites intelectuales y busca su satisfacción colectiva en la demagogia de la mediocridad. A pesar de su enfoque no precisamente subversivo, esta obra pionera influyó en otras posteriores de izquierda radical, como *El hombre unidimensional,* de Herbert Marcuse, o *La sociedad del espectáculo,* de Guy Debord.

⇜ ⇜ ⇜

El planteamiento orteguiano de que el hombre no tiene naturaleza sino historia (o, si se prefiere, que su naturaleza es histórica) tiene su paralelo mucho más rotundo en la filosofía del italiano Benedetto Croce, nacido en los Abruzos pero que vivió y murió en Nápoles. Gracias a su desahogada posición económica familiar, Croce no necesitó nunca dedicarse a tareas académicas (condición, por cierto, poco frecuente aunque muy recomendable para quien quiera cultivar la filosofía). Sumamente culto, con vastos conocimientos de arte y literatura, fue amigo de Giovanni Gentile hasta que éste llegó a ser el pensador estrella del fascismo de Mussolini. Por el contrario, Croce fue un constante oponente y polemista contra el fascismo desde sus crónicas en la revista *Crítica,* y llegó a convertirse en el máximo exponente de la defensa de la libertad y el espíritu frente a la exaltación de la fuerza bruta. La dictadura de Mussolini le toleró a regañadientes, por miedo a su prestigio intelectual en Europa.

Benedetto Croce sostiene que la afirmación de la vida y la realidad consiste en historia y nada más que historia. Y toda historia es en realidad historia contemporánea, porque los hechos del pasado más remoto prolongan su radiación hasta el momento presente. Aunque su pensamiento debe mucho al idealismo hegeliano, del que toma la noción de la historia como auténtica encarnación de la razón absoluta en el mundo, reprocha a Hegel su concepción de la naturaleza como algo diverso del espíritu y su dialéctica, que avanza enfrentando opuestos en lugar de reconocer el nexo que existe entre los distintos. Estos últimos son grados sucesivos del espíritu: el arte como conocimiento intuitivo de lo particular, la filosofía como conocimiento lógico de lo universal, la economía como voluntad que quiere lo particular y la ética como voluntad que quiere lo universal. La vida del espíritu transcurre circularmente por esos grados, recorrién-

dolos sucesivamente de forma siempre enriquecida por la experiencia anterior y nunca meramente repetitiva. La doctrina política de Croce es el liberalismo, entendido como una concepción del mundo que, gracias a la diversidad y oposición de fuerzas espirituales, enriquece la totalidad de la vida y la dota de significado. El liberalismo es inmanente y se opone a los dogmas trascendentes de los religiosos más tradicionalistas y al materialismo de socialistas y comunistas: todos ellos pretenden imponer su ideal a la pluralidad humana.

Otro filósofo interesado por el tema de la vida fue Henri Bergson, que combinó de forma original un planteamiento espiritualista con reflexiones inspiradas en los avances científicos de su época. Bergson, de familia judía, nació, vivió y murió en París, donde ejerció muchos años como profesor en el College de France. Fue un ensayista de estilo atrayente e incluso consiguió ganar el Premio Nobel de literatura, que muy rara vez se ha otorgado a filósofos. El objeto recurrente de su pensamiento es la **conciencia** humana como vivencia que escapa a la comprensión meramente intelectual, que todo lo fija y exterioriza. Por ejemplo, el tiempo del que habla la ciencia es una sucesión de instantes fijos que se persiguen por una línea continua, de forma espacial; pero para

nuestra conciencia el tiempo es una **duración** continua, una corriente que fluye y en la que los instantes no son más que abstracciones artificialmente determinadas. Para hacerse una idea del tiempo, la inteligencia aplica un método que podríamos llamar cinematográfico: lo divide en fotogramas estáticos cuya rápida sucesión da la impresión de movimiento. Pero la **intuición** de la conciencia capta la película en sí misma, fluida y continua.

La obra más célebre de Bergson es *La evolución creadora,* en la que trata del origen y esencia de la vida. En ella se opone tanto a la versión metafísica clásica, estática y finalista, como a la evolución según el modelo de Darwin (aunque se inspira abundantemente en él), porque le parece que ninguno de ellos da verdadera cuenta de la multiplicidad y dinamismo de la vida. Para él, todo procede de una fuerza originaria, el **impulso (élan) vital,** que despliega a lo largo de la duración continua del tiempo su energía creadora pero no de forma progresiva y gradual, sino en tres ámbitos diferenciados: el de los vegetales, el de los animales y el de los humanos (el mundo mineral es una especie de residuo petrificado que el despliegue de la vida va dejando atrás, como su baba el caracol). Lo mismo que los tres caminos divergentes proceden de un núcleo creador común, también tienen as-

pectos similares: por ejemplo, tanto el instinto de los animales como la inteligencia de los humanos son la capacidad de crear instrumentos para facilitar la vida, aunque las herramientas del instinto animal son orgánicas y en cambio las de la inteligencia son inorgánicas o técnicas. Por decirlo así, los animales evolucionan creando nuevas especies y los hombres inventando nuevos aparatos, siempre a impulsos del **élan** vital.

Para Bergson, las sociedades humanas expresan la lucha constante entre espiritualidad y materialidad que rige toda la realidad. La ética no es un fruto de la razón, como pretendió Kant, sino de la necesidad de supervivencia de la sociedad misma: las obligaciones morales son los hábitos que los humanos adquieren para poder vivir en comunidad (el hábito de adquirir hábitos es el fundamento de la sociabilidad humana). De esta forma, la ética es **cerrada**, como la sociedad misma de la que proviene y a la que sirve. Pero también existe otra ética superior, **abierta**, la que encontramos en los santos del cristianismo o del budismo, los sabios de Grecia o los profetas de Israel: esta ética no responde a ninguna sociedad concreta y limitada, sino a la humanidad total, y apunta hacia una forma de sociedad sin fronteras ni leyes fijas. Esta ética abierta, creadora y que nunca deja de progresar, es la más alta expresión espiritual del impulso vital que mueve el Universo.

Como ya hemos visto anteriormente en varios casos, a veces quienes más influyen en las ideas filosóficas no son propiamente filósofos. Tal es el caso del vienés Sigmund Freud, figura esencial del pensamiento contemporáneo, que fue médico, neurólogo e inventor de un método de terapia psicológica que denominó **psicoanálisis.** Sin empleo de fármacos ni procedimientos externos de otro tipo, el psicoanálisis intenta curar los trastornos de la personalidad por medio de la palabra, de acuerdo con unos protocolos de actuación que varían según los especialistas y que muchos consideran poco científicos. En cualquier caso, la descripción de la **psique** humana (tal es la palabra griega para lo que luego otros llamaron «alma»; literalmente significa 'mariposa') que hace Freud es muy sugestiva.

En la psique hay una parte consciente y otra inconsciente: la segunda es mucho mayor que la primera —tal como la parte oculta del **iceberg** es mayor que la que sale a la superficie— y está compuesta de las demandas instintivas que reclaman placer sexual, así como de una serie de experiencias que nos duelen o avergüenzan y que preferimos «olvidar». A esta sección psíquica Freud la llama «Ello» y se contrapone a la parte consciente o «Yo», que es la que procura organizar nuestra vida atendiendo no sólo al placer inmediato sino también al realismo y la búsqueda de seguridad. Las neurosis o trastornos que a veces sufrimos se deben al conflicto entre las pulsiones del Ello y los propósitos racionales del Yo, en los

que interviene una tercera instancia, el Súper Yo, donde cristalizan las imposiciones represivas de la autoridad moral y social que se remontan a la primera infancia. La cura psíquica que pretende el psicoanálisis es traer a la consciencia parte de lo inconsciente por medio de la palabra, que lo rescata del olvido, para así desatar el conflicto que nos aprisiona.

A partir de este planteamiento básico, Freud hizo interesantes reflexiones sobre la cultura que están en línea con los ideales ilustrados. En *El porvenir de una ilusión* declara que la religión es una forma de neurosis voluntaria en cuya idealización de un Padre represivo pero fundamentalmente benevolente y una vida después de la muerte en que se recompensarán los sacrificios y renuncias de este mundo, encuentran muchas personas cierto consuelo a sus sinsabores cotidianos. Tarea difícil, porque, como explica en *El malestar de la cultura,* la civilización progresa a fuerza de reprimir los impulsos eróticos, aplazando o negando su satisfacción inmediata y aumentando por tanto el sentimiento de culpa que experimentamos al rebelarnos inconscientemente contra esta frustración programada. Sólo unos cuantos privilegiados consiguen reconducir o **sublimar** esos instintos eróticos sin reprimirlos totalmente, transformándolos en actividades artísticas o intelectuales compensatorias. Los demás, en efecto, no tendrán más remedio que aferrarse a la ilusión religiosa.

Freud relativiza lo normal y anormal en la psique, es decir, difumina la tajante frontera que ingenuamente solemos establecer entre «locura» y «cordura». Desde planteamientos muy diferentes, nada clínicos ni «científicos», también George Santayana apunta hacia algo parecido. Jorge Ruiz de Santayana nació en Madrid, pero se educó por razones familiares en los Estados Unidos y escribió toda su obra en inglés. Fue el primer catedrático hispano en la muy exclusiva Universidad de Harvard, pero renunció a su puesto para llevar una vida vagabunda por Inglaterra, Francia e Italia, dedicado libremente a la creación filosófica, poética y narrativa. Murió en Roma, donde había pasado sus últimos años, pero sin abandonar nunca su nacionalidad española (la muerte le sorprendió precisamente cuando se dirigía al consulado de España para renovar su pasaporte).

La perspectiva de Santayana sobre la realidad es decididamente naturalista, incluso materialista: todo lo que existe puede ser descrito por las ciencias de la naturaleza. Pero esas mismas ciencias, igual que el arte, la poesía o la filosofía, son como adornos o añadidos que el espíritu humano aporta a los mecanismos materiales de la realidad. De ahí que podamos decir que existe una **locura normal**, porque el hombre —incluso cuando piensa y teoriza con la mayor sensatez— está añadiendo al mundo algo que el mundo no es: aporta a lo que hay sentido, significado y drama, de modo que convierte su existencia en una milagrosa experiencia o una turbulenta aventura, al margen de lo que la placidez natural representa. Nosotros vivimos dramáticamente en un mundo que no es dramático. Lo más inquietante de esa «locura normal» es el exceso de importancia que nos damos a nosotros mismos y a nuestras creaciones mentales. Lo malo del hombre no es que sea egoísta (es decir, que procure siempre de un modo u otro lo que le conviene, algo perfectamente lógico a pesar de que suscita reproches en ciertas formas de moral): lo dañino es que sea **egotista**, o sea, que sólo se tome en serio a sí mismo y desdeñe considerar la genuina otredad del mundo y del resto de los seres.

Frente al desvarío egotista, no hay cura más eficaz que el humor: «Contra los males nacidos de la vanidad y el autoengaño, contra la verborrea con la cual el hombre se convence a sí mismo de que es la meta y el **acmé** del Universo, la risa es la mejor defensa propia». Santayana no era creyente, pero apreciaba la religión como una variedad de poesía que puede —como el resto del arte— ayudarnos a disfrutar y comprender mejor nuestras vivencias en el mundo natural. Lo malo es cuando la religión se toma demasiado en serio y pretende sustituir a la ciencia o revelarse como la única y trascendental «Verdad» de todo lo que existe. Por lo demás, el hombre vive entre las dudas y sueños de su inteligencia y las certezas de su propia naturaleza, que forma parte del resto del mundo material, es decir, entre el **escepticismo** y la **fe animal**, que equivalen en cierta forma a las ideas y creencias teorizadas por Ortega.

⇥ ⇥ ⇥

Una de las corrientes filosóficas más notables del siglo xx ha sido el **existencialismo**, que hereda de Kierkegaard su preocupación por el hombre concreto y sobre todo la noción de posibilidad como vértigo angustioso que nos enfrenta a la permanente amenaza de la nada y el no ser. Su representante principal y sin duda una de las figuras más destacadas del pensamiento contemporáneo es el alemán Martin Heidegger, nacido en Messkirch, en la Alta Suabia. Primero quiso ser sacerdote católico, pero cambió esa vocación por la filosofía bajo la influencia de Heinrich Rickert y sobre todo de la fenomenología de Edmund Husserl, de quien fue profesor ayudante. Cuando llegó el régimen nazi fue nombrado rector de la Universidad de Berlín y pronunció un discurso rectoral de claras simpatías hitlerianas. Aunque después se fue alejando del nazismo, cuyos aspectos biologistas y raciales eran extraños a su pensamiento, nunca rompió explícitamente con él ni mucho menos denunció sus atrocidades. Tras la derrota del Tercer Reich fue apartado durante años de la docencia, hasta que poco a poco su obra fue de nuevo considerada y alcanzó máxima influencia desde Europa hasta Japón. El estilo literario de Heidegger es sumamente enrevesado, propenso a la invención de neologismos o etimologías arbitrarias, y en sus peores momentos se convierte en una jerga oscurantista tanto más alabada por quienes menos la entienden.

La obra capital de Heidegger es sin duda *El ser y el tiempo,* una especie de antropología filosófica del hombre moderno que dejó inacabada (a pesar de ser uno de sus primeros libros). Su punto de partida es que la filosofía, casi desde sus mismos inicios, ha olvidado la pregunta por el ser. Un intento de aclaración: es preciso distinguir los diversos **entes** del **ser,** es decir, lo que hay (objetos vivientes o inanimados), del hecho de que exista y sea. La metafísica occidental se ha dedicado a estudiar lo que hay, los entes, buscando por lo general un ente superior a los demás que oficie como director

Martin Heidegger

en esa gran orquesta, más o menos armoniosa; pero la auténtica cuestión de fondo es que el concierto mismo tenga lugar, y esa cuestión no se resuelve acudiendo a ninguno de los intérpretes ni a cualquier instrumento musical. La filosofía moderna cree que el ser es un objeto, que el Yo del sujeto es su fundamento y que el tiempo en que tal objeto se manifiesta es puro presente, porque el pasado ya no es y el futuro aún no es. Heidegger discrepa radicalmente de este planteamiento.

Hay que volver a la pregunta por el ser, pero para no confundirlo con cualquier ente hay que indagar en qué consiste ser para el ente que conocemos más directamente, es decir, nosotros mismos. La forma característica del ser del hombre es el **Dasein**, la existencia, que consiste en verse arrojado al mundo y tener que debatirse en la incertidumbre de la historia. De dos formas puede existir el hombre: de manera inauténtica y de manera auténtica. La manera **inauténtica** consiste en atenerse a lo que «se» hace, «se» dice, «se» piensa o «se» venera y, por tanto, dejarse llevar por lo que nos viene de fuera, y no descubre —más bien oculta— lo auténticamente nuestro. Esta existencia inauténtica no es necesariamente «mala» (no sólo las modas y rutinas forman parte de ella, también las normas éticas y las leyes establecidas), pero es inferior y no puede revelarnos la verdad del ser. Una de las formas inauténticas más peculiares de la modernidad es la **técnica**, el «tener a mano» los objetos para ponerlos al servicio de lo que Nietzsche llamaba «voluntad de poder». Para Heidegger, la técnica constituye el mayor peligro de que el hombre olvide y vaya en contra de su relación auténtica con el ser.

Para descubrir su existencia auténtica, el hombre debe volver a lo auténticamente suyo, la libertad de las posibilidades y la correspondiente **angustia** que las caracteriza por partida doble: la angustia de ser uno mismo y nada más que uno mismo, de la que ninguna ayuda social puede aliviarnos (la angustia de la vida), y la angustia de estar siempre ante el no ser y de marchar inexorablemente hacia él (la angustia de la muerte o la existencia como «ser-para-la-muerte»). Es decir, la angustia de las posibilidades de la libertad y la angustia frente a la definitiva posibilidad de la imposibilidad, la que hará todo posiblemente imposible: la muerte. Al saberse y aceptarse en su posibilidad frente a la nada, que aniquilará irremediablemente todas nuestras demás posibilidades, al no apartar la vista de la **nada** y asumir la inestabilidad frente a ella, el hombre alcanza una existencia auténtica. Su estructura esencial será el **cuidado,** la preocupación por las cosas y por los demás, que convierte la existencia en un permanente trascender hacia lo que aún no es, hacia lo que más pronto o más tarde ya no será. El tiempo nos constituye, pero de sus tres etapas tradicionales —pasado, presente y futuro—, la que más cuenta para quien vive auténticamente es precisamente el futuro, donde está lo que desmiente y aniquila cuanto consideramos establecido.

⇥ ⇥ ⇥

Heidegger fue un autor intelectualmente decisivo pero de lectura difícil y por tanto no muy popular. Sin embargo, el existencialismo llegó a ser una auténtica moda en Europa que influyó no sólo en la manera de pensar y expresarse de una generación, sino también en la forma de vestir, de cantar, de hacer cine, etcétera. El «culpable» de esta moda fue Jean Paul Sartre, que junto a su compañera Simone de Beauvoir y su primero amigo pero después adversario Albert Camus (de quienes hablaremos más tarde), así como el poeta y novelista Boris Vian, la cantante Juliette Greco, etcétera, llevaron a cabo una notable labor de agitación cultural en el París posterior a la Segunda Guerra Mundial. Mucha gente que no había leído nunca filosofía ni se había preocupado antes por altas cuestiones teóricas llegó a considerarse esos días sinceramente existencialista.

Jean Paul Sartre nació en París y estudió filosofía en la Escuela Normal Superior y luego en Berlín, donde se dedicó a la fenomenología y al pensamiento de Heidegger. Fue profesor en varios liceos de provincias y pasó una temporada prisionero de los alemanes durante la guerra. Al terminar la contienda dejó la enseñanza, fundó la enormemente influyente revista *Temps Modernes* y se entregó por completo a la escritura, no sólo de ensayos filosóficos, políticos y literarios sino también a la novela y al teatro. Incluso le fue otorgado el premio Nobel, aunque lo rechazó. Asimismo participó activamente en política, siempre desde posturas de izquierda cada vez más radicales, hasta el punto de que su nombre y su figura se convirtieron en el emblema más visible del **compromiso** del intelectual con la realidad histórica y social que le ha tocado vivir (Sartre trata el tema del compromiso en una de sus piezas teatrales más notables: *Las manos sucias).*

Su obra filosófica de mayor enjundia es *El ser y la nada,* completada por otra mucho más breve, *El existencialismo es un humanismo,* que se convierte en una especie de manifiesto filosófico. Según Sartre, hay dos tipos de ser, el **ser-en-sí** de las cosas cerradas y opacas, macizas, impenetrables, y el **ser-para-sí** de la conciencia, que está hecho de relaciones y de negación y superación de todo lo dado. Podríamos decir que el **en sí** es lo que es y el **para-sí** es... lo que no es. Imaginemos uno de esos decorados que tenían los antiguos fotógrafos en los que aparecía pintada la figura de un torero o un buzo pero con un agujero a la altura de la cara, para que quien iba a ser fotografiado se asomase por allí y de ese modo se incorporase al retrato. El decorado fijo es el en-sí, mientras que la conciencia entra en el mundo a través del vacío de la nada, como elemento que cambia y niega la inmovilidad del resto. La transparencia aniquiladora del para-sí refuta constantemente la opacidad y la estolidez del en-sí, aunque a veces tiene una especie de envidia de ellas expresada en lo que Sartre llama **mala fe**, es decir, el intento de la nada del

para-sí de comportarse como si fuese una cosa, un en-sí. El colmo de la mala fe es la ilusión de Dios, un ser imposible que sería a la vez en-sí y para-sí: la peor tentación del hombre es convertirse en Dios, ya que no existe ese Dios legendario que cedió a la tentación de convertirse en hombre.

En las cosas, la esencia (su definición) precede a la existencia, pero en el caso humano es la existencia la que precede a la esencia: es decir, el hombre no es nada más que pura libertad, que ha de elegir constantemente lo que quiere ser y responsabilizarse por ello ante su conciencia. El ser humano puede elegirlo todo desde su nada excepto la obligación misma de elegir, que se le impone: estamos **condenados a ser libres**. En sus primeras obras, Sartre promete constantemente una moral que nunca llegó efectivamente a escribir, una moral desde luego ajena al espíritu de **seriedad**, es decir, a la aceptación de valores o leyes previos a la libertad que los elige y estables a pesar o contra ella. A fin de cuentas, todas las actividades humanas son equivalentes y todas están condenadas al fracaso, a la nada: el hombre es una pasión inútil. Lo mismo da optar por ser un borracho que no sale de su casa ni se aleja de su botella que un líder popular que trata de llevar al pueblo hacia sus altas metas. El para-sí de la conciencia es también para-otro, y entra en relación dialéctica de antagonismo o deseo con otras conciencias por medio del lenguaje, el amor, la indiferencia o el odio.

En su obra más tardía, la *Crítica de la razón dialéctica,* Sartre se inclina por una visión más positiva de la acción humana y declara que el marxismo es la filosofía insuperable de la época, al menos hasta que se transforme la actual condición histórica de explotación de los más por los menos y todos los hombres sean capaces de disfrutar de las posibilidades de una filosofía de la libertad de la que aún nada podemos saber. Gran parte de las ideas filosóficas de Sartre no se encuentran sin embargo en sus ensayos, sino en sus obras literarias, sobre todo en novelas como *La náusea,* en su reflexión autobiográfica *Las palabras* o en dramas teatrales como *Las moscas, A puerta cerrada* y *El diablo y el buen Dios.*

Simone de Beauvoir fue compañera de estudios de Jean Paul Sartre, así como su pareja amorosa durante toda la vida (con apasionadas intermitencias), su colaboradora, su confidente y también su necesaria antagonista en ocasiones. Escribió algunos ensayos en la línea existencialista, sobre todo tratando de precisar cierto tipo de moral basada en las opciones que se suscitan en las **situaciones** concretas y previamente incatalogables que se presentan en nuestra existencia. Su novela *Todos los hombres son mortales* plantea la incompatibilidad entre la libertad del ser humano y la hipótesis de la inmortalidad. En otras novelas, como *La invitada* o *Los mandarines,* narra las incidencias intelectuales y sentimentales del grupo existencialista. Mucho más extrañamente conmovedora es su crónica *La ceremonia del adios,* escrita tras la muerte de Sartre y que cuenta sin complacencias los últimos años de su relación con él. Pero, sin duda, lo mejor de su trabajo teórico son dos obras que dedicó a sendos temas en su día casi prohibidos y hoy de dominio común: en *El segundo sexo* trata de la mujer y funda gran parte de los debates feministas posteriores, estableciendo que ser mujer no es un mero hecho biológico sino la aceptación de un rol histórico y social cuyas limitaciones predeterminadas se hacen pasar por determinaciones «naturales»; en *La vejez* estudia una realidad que la vida moderna intenta de mil maneras ocultar y denuncia la marginación e incluso el abandono en que viven los ancianos.

Esa época fue propicia a regímenes políticos totalitarios, que desencadenaron matanzas a una escala antes desconocida y esclavizaron a millones de personas: el comunismo y el nazismo. Lo más trágico —desde el punto de vista intelectual, al menos— es que figuras destacadas del pensamiento europeo tomaron partido por una u otra de estas monstruosidades políticas. En tales casos, ser de izquierdas o de derechas se convirtió en una coartada para apoyar a los brutos, a los inquisidores y a los verdugos. Por muchas explicaciones que ellos mismos o sus abogados defensores quisieran dar después, lo único evidente es que se equivocaron de una manera terrible y probablemente hicieron que otros, cegados por su prestigio, les siguieran hacia el abismo. Heidegger se puso del lado de los nazis de manera clara e institucional, aunque fuese con todas las reservas y sutilezas mentales que se quieran; y Jean Paul Sartre fue «compañero de viaje» —como entonces se decía— de los estalinistas, aunque su discurso teórico se mantuviese distante de ellos y adicto a la libertad (incluso perpetró un prólogo al libro *Operación Ogro,* donde se cuenta el atentado de ETA contra Carrero Blanco, en el que defiende la actividad terrorista y sostiene todo tipo de tópicos criminales sobre el País Vasco y el ideario nacionalista). Incluso los más inteligentes tienen derecho a equivocarse, pero nadie puede exigir que hasta sus errores más trágicos sean admirados como aciertos.

Por fortuna, contamos con el ejemplo lúcido y honrado de un intelectual que detestó ambos totalitarismos, el nazi y el bolchevique, con similar contundencia. Se trata del francés Albert Camus, nacido en Argelia de una familia muy pobre y en parte de origen español (su madre era menorquina). Camus fue sobre todo un espléndido escritor (obtuvo el premio Nobel a una edad más temprana que ningún otro autor), tanto en narrativa como en teatro, aunque escribió al menos un par de ensayos de alto vuelo teórico y en todas sus obras hay planteamientos de importancia filosófica. Participó en la resistencia francesa, intentó una mediación imposible en la guerra independentista de Argelia que superase los abusos del colonialismo sin ceder al terrorismo, apoyó a los republicanos españoles frente al franquismo y defendió siempre la primacía política y ética de la democracia como una opción de cordura y modestia que acepta que la razón pública ha de establecerse contando con la voz de todos. También fue un gran periodista, fundador y director del emblemático diario *Combat,* que se convirtió en la Francia de posguerra en un modelo de periodismo ideológicamente comprometido pero no sectario: un ejemplo que hoy continúa siendo válido, aunque —¡ay!— poco seguido.

En su primer ensayo, *El mito de Sísifo,* adopta una perspectiva cercana al existencialismo aunque menos teorética que la de Sartre o Heidegger. Constata el brutal contraste entre la humana apetencia vital de sentido y armonía, que choca con el silencio del mundo opaco, y la omnipotencia final de la muerte. El resultado de esa colisión es el **absurdo** de la vida humana, que nada puede ocultar ni remediar. Ante la vida absurda, cabe la aniquilación del suicidio, la entrega a la fe religiosa o el refugio en la racionalidad, que estudia los detalles y renuncia a comprender el conjunto. Camus rechaza todas estas escapatorias: para él, lo pertinente es aceptar la vida sin sentido y tratar de dárselo personalmente por medio de la aventura individual o la solidaridad con los otros. Según el mito griego, Sísifo es condenado en el Averno a tener que empujar cuesta arriba, hasta lo alto del monte, una enorme roca sólo para ver cómo finalmente rueda otra vez hasta abajo: ¡y vuelta a empezar! De igual modo, los hombres nos empeñamos en tareas que finalmente acaban en la esterilidad de la muerte pero que, mientras duran, nos hacen sentir la comunidad y fraternidad del destino que compartimos con los semejantes. A fin de cuentas, pese a su condena por los dioses crueles o envidiosos, podemos suponer que Sísifo es feliz.

Su otro ensayo filosófico de envergadura es *El hombre rebelde,* un estudio de la rebelión humana contra su condición

metafísica absurda y además contra la opresión histórica, basado no sólo en la consideración de revoluciones políticas sino también en el análisis de grandes obras de la literatura y el pensamiento. Camus advierte que, muchas veces, la rebelión que a toda costa pretende realizar un nuevo ideal obligatorio para todos no logra más que instaurar una nueva esclavitud. Aunque tenga orígenes generosos, si se dedica a la entronización del hombre abstracto y olvida las necesidades humildes de los humanos de carne y hueso pronto traiciona

Albert Camus

su propósito y corre hacia su destrucción... y la de la libertad. Es preciso rebelarse, pero no sólo contra la opresión sino
también contra la ambición de absoluto: nuestra rebeldía
debe tener nuestra misma estatura, la de quienes compartimos las mismas miserias y pretendemos aliviarlas sin aspirar
a volar por encima de nuestra condición, como hace abne-
gadamente el doctor protagonista de su novela *La peste,* que
pese a no creer en ninguna trascendencia opta por quedarse
en la ciudad infectada cuando todos huyen para cuidar a sus
compañeros de humanidad.

⊰ ⊰ ⊰

Mientras la filosofía continental se ocupaba de la vida, la angustia o el absurdo, los pensadores anglosajones seguían su
propio camino y característicamente se ocupaban de la lógica, la teoría de la ciencia y los problemas del lenguaje. Sin
duda, Bertrand Russell fue la figura más reputada del pensamiento británico en el siglo xx. Bertrand Arthur William
Russell, tercer conde de Russell y vizconde de Amberley, nació en la localidad galesa de Trelleck, de una familia aristocrática pero también intelectual y políticamente destacada. Su
abuelo fue primer ministro durante el reinado de Victoria y,
de niño, el pequeño Bertrand se sentó en las rodillas de John
Stuart Mill, asiduo visitante de su casa. Durante su larga y
fecunda vida —llegó a los noventa y ocho años—, Russell fue
matemático y filósofo, pero también un destacado estudioso
y activista en temas políticos y educativos. Fue encarcelado
por pacifismo durante la Primera Guerra Mundial, apoyó la
socialdemocracia pero fue uno de los primeros en denunciar
la dictadura leninista tras visitar la Unión Soviética, fundó

una escuela regida por métodos libertarios y anticonformistas, escribió a favor de la libertad sexual y contra la visión tradicional del matrimonio (lo que motivó una campaña puritana contra él que llegó a prohibirle enseñar en centros estadounidenses), firmó junto a Einstein y otros destacados científicos un manifiesto contra la bomba atómica, encabezó manifestaciones antinucleares y presidió el Tribunal Russell contra la intervención americana en Vietnam (al que también perteneció Sartre). La última vez que le detuvo la policía por alterar el orden público tenía ya más de noventa años. También fue ensayista y divulgador de temas filosóficos con un estilo elegante, claro y preciso que le valió el premio Nobel de Literatura, aunque nunca había escrito obras de ficción (después de ganarlo se aventuró a componer algunos cuentos de corte satírico, a lo Voltaire). Quizá su obra literariamente más notable es su *Autobiografía,* crónica de casi un siglo de avatares intelectuales y políticos. Al comienzo de este libro asegura: «Tres pasiones simples pero irresistibles han guiado mi vida: la búsqueda de conocimiento, el afán de amor y la compasión por el sufrimiento humano».

Desde su primera juventud, Russell —como Descartes— buscó alcanzar algún tipo de saber tan cierto y seguro que ninguna persona razonable pudiese dudar de él. Y supuso que deberían ser las matemáticas. Siguiendo ideas de Gottlob Frege, Russell se propone deducir las matemáticas de la lógica, tras convertir a ésta en un lenguaje formal universal capaz de dar cuenta de todos los sucesos del mundo, como quiso Leibniz. Junto a su antiguo profesor Alfred North Whitehead escribió una obra monumental en tres volúmenes, *Principia Mathematica,* en la que lleva a cabo esa tarea. Allí resuelve algunas paradojas lógico-matemáticas que Frege había señalado, especialmente la de los conjuntos que se contienen a sí mismos como miembros.

Los conjuntos llamados normales no se contienen a sí mismos: por ejemplo, el conjunto de los hombres no se contiene a sí mismo porque no es un hombre. En cambio, el conjunto de los conceptos abstractos se contiene a sí mismo porque es un concepto abstracto. Pero ¿qué ocurre con el conjunto de todos los conjuntos normales? Si se contiene a sí mismo, contendrá un conjunto cuya definición consiste precisamente en estar formado por los conjuntos que no se contienen a sí mismos, lo que es contradictorio; pero si no se contiene a sí mismo, será un conjunto normal... ¡por lo que precisamente debería contenerse a sí mismo! Russell resuelve la paradoja estipulando que hay diversos **tipos** lógicos de conceptos: el tipo cero está formado por individuos, el tipo uno por propiedades de individuos y el tipo dos por propiedades de propiedades de individuos. La antinomia se da cuando mezclamos conceptos de un tipo con los de otro.

A partir de *Principia Mathematica* y en parte influido por su discípulo Wittgenstein (de quien pronto hablaremos), Russell establece una teoría de los objetos del mundo (incluyendo algunos tan peculiares como el Yo, la mente o la materia) según la cual todos ellos deben armarse por medio de construcciones lógicas a partir de componentes mínimos, una especie de átomos no físicos sino lógicos. Llamó a esta teoría «atomismo lógico», uno de cuyos principios es aplicar siempre que se pueda la llamada «navaja de Occam», es decir, sustituir las conclusiones derivadas de entidades desconocidas por otras derivadas de entidades conocidas. En conjunto, la teoría del conocimiento russelliana es una combinación de los principios lógicos con los datos sensoriales, base última de cualquier saber fiable (Russell es empirista como Locke o Hume). Inevitablemente, la ciencia se convierte en parangón de todo conocimiento, aunque Russell está convencido de que no sirve para fijar nuestros valores éticos o políticos. Como descarta explícitamente el recurso a la religión (uno de sus ensayos más provocativos se titula *Por qué no soy cristiano*), a Russell no le queda más que confiar en los mejores deseos humanos para servir de fundamento a la moral: pero... ¿cómo saber cuáles son los «mejores» entre tantos deseos de poder o arrogancia?

A Bertrand Russell le surgió un discípulo extraordinariamente inteligente pero muy inquietante, que fue para él un estímulo intelectual aunque también casi, casi una pesadilla. Ludwig Wittgenstein nació en Viena, de una familia muy acomodada y pródiga en talentos de todo tipo. Comenzó estudios de ingeniería, pero además se interesó por la lógica y la filosofía. Por indicación de Frege se trasladó a Cambridge para estudiar con Russell. No fue precisamente un alumno dócil. Era una rara mezcla de racionalismo extremo y misticismo, un espíritu sumamente original y atormentado que en ciertos aspectos recuerda a Pascal. A veces se presentaba por la noche en la habitación de su maestro tras anunciarle que pensaba suicidarse, con lo cual se ganaba su resignada atención pese a lo intempestivo de la hora. En una de esas sesiones, le dijo: «Por favor, sea sincero conmigo: si le parezco un imbécil, dígamelo y me dedicaré a la ingeniería; si no, intentaré ser filósofo». Russell le aconsejó seguir en la filosofía y así lo hizo Wittgenstein. Cuando creyó haber resuelto los problemas que le interesaban en ese campo, renunció a su fortuna y fue enfermero voluntario en la guerra para después

dedicarse a maestro de escuela, jardinero y arquitecto en diversos lugares de Austria. Volvió a Cambridge reclamado por su maestro y allí dio cursos de los que sólo guardamos las fi-

Ludwig Wittgenstein

chas que utilizaba y los apuntes de sus devotos alumnos, fascinados por su personalidad carismática. Murió alojado en casa de uno de ellos y sus últimas palabras fueron: «Dígales que he tenido una vida maravillosa».

Para Wittgenstein, los problemas filosóficos son algo así como enfermedades de la razón producidas por el **lenguaje.** En su pensamiento hay dos etapas claramente separadas: la primera la constituye su única obra publicada, su *Tractatus logico-philosophicus,* que se editó con un prólogo de Bertrand Russell a pesar de las discrepancias teóricas entre ellos. Se trata de un libro breve, cuya concatenación lógica y su estructura casi matemática lo asemejan a la *Ética* de Spinoza y que como ella está poseído por un rigor hipnótico y un frío pero intenso fervor. La obra trata de los límites y alcance del lenguaje, que son también los del pensamiento y el mundo. Para nosotros, la realidad llega por vía lingüística, pero hay tres tipos de proposiciones en el lenguaje: las que tienen sentido y son verdaderas, que constituyen el conjunto de las ciencias de la naturaleza; las proposiciones lógicas, que son tautologías, es decir, que en ellas los predicados no aportan nada nuevo al sujeto; y las proposiciones metafísicas, que se deben a un malentendimiento de la lógica de nuestro lenguaje y por tanto carecen de sentido.

El mundo no está compuesto de cosas sustantivas e independientes, sino de hechos lingüísticos que relacionan a unos objetos con otros. Tales objetos sólo existen en tanto forman parte de esa estructura de relaciones: se trata de «átomos lógicos» simples e indestructibles (por ejemplo, si declaramos falsa una proposición no por ello se destruyen sus componentes). La forma de las proposiciones imita en cierto modo la disposición real de esos átomos lógicos que constituyen nuestro mundo. Debemos atenernos a aquello que puede decirse de acuerdo con las pautas lógicas del lenguaje y en términos convenientemente definidos. Respecto a lo demás, Wittgenstein acaba el *Tractatus* asegurando: «Respecto a aquello de lo que no se puede hablar, hay que guardar silencio». A pesar de haber estipulado que «los límites de mi lenguaje son los límites de mi mundo», parece dejar abierta la posibilidad de que haya cosas sobre las que no se puede hablar, aunque haya que guardar silencio respecto a ellas. Esas «cosas» inefables son las que se refieren al sentido del mundo y de la vida, incluso a la intuición de lo trascendente, todo lo cual preocupaba a Wittgenstein más de lo que estaba dispuesto a reconocer. En su *Conferencia sobre ética* señala tres vivencias que pertenecen al ámbito de lo inefable: el asombro por la existencia del mundo, la sensación de estar absolutamente protegido y el sentimiento de culpa.

El *Tractatus* parecía querer alcanzar un diseño perfecto y suficiente del lenguaje lógicamente válido, pero en su segunda etapa intelectual, cuando vuelve a Cambridge y comienza a enseñar, lo que interesa a Wittgenstein son los mecanismos del lenguaje común y corriente, el que hablamos todos. Sigue criticando la metafísica, porque maneja expresiones habituales en sentido inhabitual y nunca se sabe realmente de qué está hablando. Pero ahora de lo que se trata es de entender cómo funciona nuestro lenguaje. No consiste solamente en una pauta lógica y en lo que afirman las ciencias de la naturaleza, sino en una interacción de múltiples **juegos de lenguaje**, cuyo significado está implicado en la multitud de acciones que llevamos a cabo.

Los juegos de lenguaje corresponden a diversas formas de vida (la del religioso, la del político o la del matemático, por ejemplo), y sólo cobran sentido vinculados a ellas: de modo que si, por un extraño azar, un león se pusiera a hablar, no podríamos entenderle porque no compartimos la vida leonina. Entre las expresiones de los distintos juegos de lenguaje hay cierto **aire de familia** y no una identidad esencial: por ejemplo, cuando hablamos de «complejo» o «simple» en campos distintos, vemos semejanzas de uso pero no la misma definición. Por lo demás, no puede haber un «lenguaje privado», es decir, un lenguaje que sólo yo entiendo o que responde a sensaciones que sólo yo siento. Por muy personal y privado que sea mi dolor de muelas, el lenguaje en que me quejo de él no me pertenece sólo a mí, porque responde a reglas en el uso de las palabras que tienen forzosamente que ser públicas. No hay mejor argumento a favor de la condición social del hombre que la posesión de un lenguaje, que nunca puede ser una herramienta meramente individual.

Uno de los rasgos distintivos de la filosofía actual es la presencia de mujeres entre sus figuras más destacadas e influyentes. Se confirma que el pensamiento filosófico, que se ocupa de lo que a todos nos concierne, no es cuestión del sexo masculino, sino del ser humano en general. La alemana Hannah Arendt, nacida en Hannover, fue discípula de Husserl, Jaspers y sobre todo de Heidegger, con quien mantuvo una secreta y apasionada relación amorosa (a pesar de ser judía, lo que le valió su detención por la Gestapo y verse internada en el campo de concentración de Gurs). Huyó luego a Estados Unidos, se nacionalizó norteamericana y allí vivió, escribió y enseñó hasta su muerte en Nueva York.

Arendt es sobre todo una gran pensadora de la **políti-ca.** Según ella, la práctica totalidad de los filósofos —empezando por el mismísimo Platón— no han reflexionado sobre la política sino sobre el final de la política, es decir, sobre cómo vernos libres de esa molestia: las utopías, el orden perfecto del mundo, la armonía definitiva entre los humanos o el poder sin límites de Leviatán son formas de intentar poner punto final a la acción política, que sin embargo es una di-

278 ॐ

Hannah Arendt

mensión polémica pero necesaria e incesante de la actividad humana. La política es un componente indispensable de la **condición humana** (así se titula una de sus obras más destacadas) y el campo de ejercicio de la libertad, no una búsqueda transitoria de algún tipo de estabilidad que nos libre por fin de esa zozobra.

La tradición —desde Aristóteles— es considerar la vida contemplativa como superior a la vida activa. Pero Arendt cree que, socialmente, la importante es la segunda. Hay tres formas de actividad humana: la **labor** (el cuidado del propio cuerpo, de la casa, el mantenimiento rutinario de la vida), el **trabajo** (la producción de bienes de consumo y de herramientas) y la **acción**, es decir, la interacción entre los humanos y su toma de decisiones respecto a la vida en común; o sea, la política en su sentido más amplio. Es en la acción humana cuando el hombre ejercita realmente su **libertad**, pero no como ser-para-la-muerte al modo heideggeriano, sino hacia la procreación de nueva vida, es decir, hacia la **natalidad**. Los seres humanos vivimos no para morir —aunque todos muramos—, sino para dar a luz.

Su gran libro *El origen del totalitarismo* es una obra pionera donde estudia minuciosamente, además del antisemitismo y el imperialismo, la forma totalitaria de poder que había aparecido en Europa con los bolcheviques y el estalinismo primero, y luego con el nazismo. Lo propio de los regímenes totalitarios es aprovechar la renuncia de la masa a su derecho y deber de hacer política, esenciales para el funcionamiento democrático. Anestesiados por una tecnología que hace la vida cómoda y apática, los hombres modernos renuncian a sus obligaciones cívicas y se dejan arrastrar por tiranías burocráticas que primero los manipulan y después los condenan a la desaparición: «El totalitarismo no busca un gobierno despótico sobre los hombres, sino que busca un sistema en que los hombres lleguen a ser superfluos». Arendt fue enviada por una gran revista norteamericana a Jerusalén para cubrir el proceso del nazi Eichmann, ejecutor del exterminio judío. En sus crónicas sobre este juicio, muy polémicas y malentendidas, Arendt habló de «la **banalidad del mal**», es decir, de un tipo de criminal sin conciencia de serlo que actúa por simple obediencia borreguil a la autoridad superior, tras haber renunciado a su auténtica calidad humana de ciudadano política y moralmente responsable.

También se preocupó por la política y por la lucha contra el totalitarismo la española María Zambrano, pero de una forma no sólo teórica, sino también práctica y vital. María Zambrano nació en Vélez-Málaga, estudió filosofía en la Universidad Central de Madrid y fue discípula de Ortega y Gasset. Desde sus tiempos de estudiante y joven profesora se comprometió activamente con las ideas republicanas, lo que le llevó a participar en diversas agrupaciones políticas. Al proclamarse la República, la apoyó de un modo mucho más decidido que su maestro Ortega, de quien se distanció definitivamente por esa razón. Participó en las Misiones Pedagógicas, cuyo objetivo era mejorar las condiciones de la España rural favoreciendo el acceso de sus habitantes a la cultura. A finales de la guerra civil, como tantos otros republicanos españoles, pasó a Francia y de allí se exilió a América, donde fue profesora en varios países (Cuba, México, Puerto Rico...) y trabó amistad con intelectuales como el gran poeta mexicano Octavio Paz. Después continuó su exilio en Europa (Roma y Ginebra), de donde regresó definitivamente a España con la

restauración de la democracia. Murió en Madrid, tras haber obtenido el premio Cervantes por el conjunto de su obra.

La preocupación de María Zambrano es desarrollar una **razón poética** que medie entre los dispares caminos intelectuales de la poesía y la filosofía (la filosofía busca la unidad del ser a partir de simplificar y suprimir diferencias; la poesía se atiene a la heterogeneidad de lo que hay y quiere cada una de las cosas sin restricción ni abstracción alguna) para aprovechar lo mejor del impulso indagador de ambos. Retoma algunos temas del pensamiento de Ortega para darles un sesgo propio. Por ejemplo, en la cuestión de la distinción entre ideas y creencias, señala que por debajo del cimiento de creencias sobre el que edificamos nuestra vida hay un sustrato aún más profundo e importante: la **esperanza.** Y por

María Zambrano

supuesto también la desesperación, que la acompaña como su reverso oscuro. La filosofía no es un método para resolver ciertos problemas técnicos, sino un «saber del alma» que trata de colmar esa demanda esperanzada que nunca puede satisfacerse del todo.

La obra más cuajada y sugestiva de Zambrano es *El hombre y lo divino,* donde estudia la relación humana con lo sagrado desde sus aspectos metafísicos más que meramente religiosos. Lo divino aparece ante el «delirio persecutorio» de la vida humana, inestable y llena de zozobras, en parte para aumentar nuestra inquietud pero también para sostenernos en ella. Es fundamental en este planteamiento la idea de **piedad** como vía de una forma de relación entre los humanos basada en el reconocimiento activo de nuestra vulnerabilidad, de nuestra «indefensión compartida». En el trasfondo de la razón poética de María Zambrano se halla siempre la exigencia de una **razón cívica**, que apunte hacia la tolerancia y el respeto en una utopía de reconciliación. Pero eso queda para el futuro, «ese dios desconocido», como dice ella.

⊰ ⊰ ⊰

NEMO.—Y... ¿esto es todo?

ALBA.—¿Todo? ¿A qué te refieres?

NEMO.—Pues que si ya no hay más filósofos, ¿se acabó la historia de la filosofía?

ALBA.—No, hombre, claro que no. Seguro que hubo muchos más filósofos antes y que ha seguido habiéndolos después. Estoy convencida de que para pensar filosóficamente no hace falta tener carné de filósofo ni un título que nos autorice a filosofar. Yo creo que la filosofía es a veces el oficio de algunos, pero antes o después representa una necesidad en la vida de todos y de cualquiera.

NEMO.—Entonces puedo decirte el nombre de dos filósofos de hoy mismo.

ALBA.—Venga.

NEMO.—Alba y Nemo. O sea, tú y yo.

ALBA.—¡Muy bien, claro que sí! Lo has pillado...

NEMO.—Ya, pero el problema es que todos esos sabios y sabias del pasado nos han dejado sin trabajo, ¿no? Entiéndeme, les agradezco mucho que se hayan dedicado a pensar cosas importantes que nos ayudan a vivir en vez de ocuparse sólo en ganar dinero o en fastidiar al prójimo como muchos que yo me sé. Pero la verdad es que lo han pensado todo ya, al derecho y al revés. Ahora, nosotros, los últimos, los recién llegados a la filosofía... ¿a qué nos dedicamos?

ALBA.—Bueno, no sé, pero creo que aún queda mucho por pensar. Cada uno de esos filósofos que hemos conocido se dedicó a reflexionar sobre la vida que le había tocado vivir y el mundo en que la estaba viviendo. Y aunque mucho de sus vidas y su mundo se parece a lo que nos pasa a nosotros, han cambiado bastantes cosas. Platón era listísimo pero no conoció los viajes en avión, y Spinoza no pudo ni imaginarse lo que iba a ser Internet o la polución atmosférica...

NEMO.—Es verdad, a cada cual le toca su propia vida y... ¿cómo era eso que decía Ortega?... sus circunstancias. Nadie puede vivir la vida de otro.

ALBA.—Ni pensar por otro. La filosofía se hace entre muchos, pero cada cual tiene que pensarla por sí mismo.

NEMO.—Oye, entonces, sólo por curiosidad... ¿sobre qué temas quieres pensar tú?

ALBA.—Hombre, así, de repente... Pues sobre algunas cosas de las que solemos hablar tú y yo: por ejemplo, los derechos humanos en este mundo lleno de intereses locales, con tanta desigualdad. Y siguiendo con lo «humano», todo eso de la manipulación genética, la clonación, etcétera.

NEMO.—Y nuevos derechos, como el derecho al trabajo cuando las máquinas trabajan en lugar de los hombres, ¿no? Y el derecho a una información veraz, ahora que parece imposible distinguir entre la verdad y las mentiras convenientes.

ALBA.—No te olvides de los problemas del tiempo de la vida: ¿qué significa hoy ser niño o ser viejo?

NEMO.—Si vamos a eso, también el espacio plantea problemas: ¿quién es hoy extranjero y quién es mi semejante?

ALBA.—Y los asuntos de siempre: la naturaleza, lo artificial, el Universo...

NEMO.—Pero hay quien dice que todas esas dudas las resolverá la ciencia.

ALBA.—Pues yo dudo de que me saque de dudas. La ciencia explica cómo funcionan las cosas pero no dice nada sobre cómo debemos funcionar nosotros. Conocemos mejor lo que hay, pero seguimos sin saber qué significa y cuál es nuestra responsabilidad en el mundo.

NEMO.—Entonces, ¿qué? ¿Tendremos que seguir siempre con grandes preguntas y respuestas más pequeñitas, insuficientes?

ALBA.—Eso parece. Por lo visto, ser humanos significa que nunca podremos estar satisfechos ni cansarnos de preguntar.

NEMO.—¡Vaya faena! Pues nada, manos a la obra. Pero juntos, ¿eh?

ALBA.—Claro: siempre juntos.

Explicacion final

El primer libro de filosofía de mi vida fue *La sabiduría de Occidente,* de Bertrand Russell, una historia de la filosofía muy ilustrada y con formato de libro de regalo. Me despertó una vocación que, valga lo que valga, ha durado medio siglo. El libro que el lector tiene ahora en sus manos es una consecuencia y por tanto un homenaje a aquella obra inicial de un pensador al que tengo por maestro (aprovechando mi familiaridad con el ilustrador le he pedido que plasme a su modo esa relación en el dibujo final).

«Debes contar con libertad y sencillez lo que recuerdes de la historia de la filosofía», me encargó la editora, tan amable como optimista. Enseguida me di cuenta de que no me acordaba de casi nada que valiera la pena, salvo un puñado de anécdotas y un vago y vasto rumor de fondo. De modo que para refrescarme la memoria, aunque sin la mínima pretensión erudita, recurrí de nuevo a Russell, al *Diccionario de filosofía* de José Ferrater Mora y a la historia de la filosofía que manejé durante mis estudios, la que sigo considerando mejor en su género: los tres grandes tomos de Nicolás Abbagnano, editados por Montaner y Simón. Si este libro se ha salvado de algunas inexactitudes (seguramente no de todas, ay) será gracias a esas fuentes.

Con esta obra acabo la tetralogía que he dedicado a la iniciación en la filosofía, dirigida primero a bachilleres pero también a lectores de cualquier edad sin formación previa en dicho campo. Empecé por dos libritos sobre la razón práctica *(Ética para Amador* y *Política para Amador),* después un repaso general de los principales temas de la filosofía *(Las preguntas de la vida),* para acabar con esta historia que declara

Bertrand Russell

desde su título el propósito de terminar con el aura intimidatoria que rodea a cuanto suena a «filosófico».

Cuando estaba escribiendo el penúltimo capítulo de este libro en un pequeño pueblo mallorquín, ETA asesinó a pocos kilómetros a los guardias civiles Carlos Saénz de Tejada y Diego Salva Lezáun. Vayan estas líneas como homenaje y

agradecimiento a ellos, así como a todos los que nos ayudan a vivir sin temor ni temblor: pensar es siempre pensar contra los terroristas de cualquier ralea.

San Sebastián, 24 de agosto de 2009

Despedida

La filosofía, que solemos considerar una disciplina árida, no es únicamente abstracción, sino que está entretejida con la historia y no procede únicamente de la mente humana sino también del cuerpo. El pensamiento abstracto es un instrumento excelente y necesario, pero los pensamientos más elevados tienen su raíz en nuestro ser físico, en la extraña manera en que nuestro corazón que ama se entrelaza con nuestro corazón que bombea sangre, y en el hecho de ser mortales.

Russell Shorto, *Los huesos de Descartes*
(editorial Duomo, 2009)

Cronología

FILÓSOFO	ESCUELA Grandes obras	SU ÉPOCA
Sócrates (Atenas, Grecia, 470 - 399 a. C.)	Mayéutica (ironía socrática)	• Victoria de Grecia en las guerras médicas. Creación de la Liga de Delos. Hegemonía de Atenas.
Platón (Atenas, Grecia, h. 427 - h. 347 a. C.)	Idealismo *Diálogos, Apología de Sócrates*	• Era de Pericles. Apogeo del arte y la cultura griega. Inicio de la guerra del Peloponeso. Creación de la Academia platónica.
Diógenes el Cínico (Sínope, Grecia, h. 413 - 327 a. C.)	Cínicos	• Desastre de la expedición a Sicilia. Derrota en la guerra del Peloponeso.
Aristóteles (Estagira, Tracia, 384 a. C. - 322 a. C.)	Escuela peripatética Lógica *Física, Metafísica, Del alma, Ética a Nicómaco, Económica, Política, Retórica*	• Decadencia de Atenas. • Alejandro Magno conquista Oriente.
Epicuro (Samos o Atenas, Grecia, 341 - Atenas 270 a. C.)	Epicureísmo *Cartas, Aforismos*	• Fundación de Alejandría. Creación del Liceo aristotélico. • Helenismo. Creación de los reinos helenísticos.
Zenón de Citio (Citio, Chipre, h. 335 - Atenas, h. 264 a. C.)	Estoicismo	• Euclides funda la geometría. • Roma domina Italia. • Liga Aquea contra Macedonia.
Marco Tulio Cicerón (Arpino, Italia, 106 a. C. - Formies, 43 a. C.)	Eclecticismo *De oratote, De re publica, De amicitia, De senectute, Discursos (Catilinarias, Filípicas)*	• Cicerón es elegido cónsul en el año 63 a. C. • Conjuración de Catilina. • Rebelión de Espartaco. Primer triunvirato. Triunfos de César.
Tito Lucrecio (Roma, Italia, h. 98 - 55 a. C.)	Epicureísmo *De rerum natura*	• Guerra civil. • Imperio romano con Augusto.
Lucio Anneo Séneca (Córdoba, España, h. 3 a. C. - Roma, Italia, 65 d. C.)	Estoicismo *Diálogos, Cuestiones naturales*	• Reinado de Nerón e incendio de Roma. Suicidio de Séneca por mandato del emperador.
Aurelio Agustín (Tagaste, Túnez, 354 - Hipona, 430)	Filósofo cristiano *Soliloquios, Confesiones, La ciudad de Dios*	• Imperio cristiano de Constantino. El cristianismo, religión oficial del Imperio. División del Imperio romano. Invasiones bárbaras.

FILÓSOFO	ESCUELA Grandes obras	SU ÉPOCA
Severino Boecio (Roma, Italia, h. 480 - Pavía, 524)	Filósofo cristiano. Lógica *La consolación de la filosofía*	• Reino ostrogodo de Italia: Teodorico el Grande. Auge de la cultura con Casiodoro y Boecio.
Averroes (Abul Walid Muhammad ibn Rusd) (Córdoba, España, 1126 - Marruecos, 1198)	Filósofo musulmán Aristotelismo *Comentarios a la filosofía de Aristóteles*	• Primeras cruzadas cristianas a Tierra Santa. La ciencia griega transmitida a Occidente a través del islam.
Maimónides (Moses ibn Maimón) (Córdoba, España, 1135 - Fustat, 1204)	Filósofo judío *Guía de perplejos*	• Invasión almohade de al-Ándalus. Maimónides, perseguido, debe salir de España. • Escolástica. Pugna güelfo- gibelina entre papado e imperio. Nacimiento de la burguesía medieval.
Tomás de Aquino (Aquino, Italia, 1225 - Fossanova, 1274)	Síntesis entre aristotelismo y cristianismo *Summa contra gentiles, Summa theologica*	• Auge de la Universidad de París. • Mallorca integrada en el reino de Aragón.
Raimundo Lulio (Palma de Mallorca, España, h. 1235 - Túnez, h. 1315)	Filósofo cristiano *Ars Magna*	• Vísperas sicilianas. • Papado de Aviñón. Estalla la guerra de los Cien Años. • Crítica del tomismo.
Guillermo de Occam (Ockham, Inglaterra, 1285 - Munich, 1349)	Nominalismo *Summa totius logicae*	• El Renacimiento florece en Italia. Florencia bajo dominio de Lorenzo de Medici, llamado el Magnífico.
Giovanni Pico de la Mirandola (Mirandola, Italia, 1463 - Florencia, 1494)	Humanismo *Discurso sobre la dignidad del hombre*	• Auge del arte y la cultura. • Los Reyes Católicos unifican España. Descubrimiento de América. Lutero inicia la Reforma protestante.
Desiderio Erasmo de Rotterdam (Rotterdam, Países Bajos, 1467 - Basilea, 1536)	Erasmismo *Elogio de la locura*	• Expulsión de los Medici de Florencia. Guerras entre Francia y España por el dominio de Italia.
Nicolás Maquiavelo (Florencia, Italia, 1469 - 1527)	Filosofía política *El príncipe*	• Tomás Moro renuncia a su cargo de Lord Chancellor ante la pretensión de Enrique VIII de abandonar la obediencia papista y crear la iglesia anglicana.
Tomás Moro (Londres, Inglaterra, 1478 - 1535)	Filosofía política *Utopía*	• Creación del Imperio de los Habsburgo, al reunirse en Carlos V los estados patrimoniales de Castilla (Isabel), Aragón (Fernando), el Sacro Imperio Germánico (Maximiliano) y Borgoña (María).
Juan Luis Vives (Valencia, España, 1492 - Brujas, 1540)	Humanismo *Sobre el alma y la vida*	

FILÓSOFO	ESCUELA Grandes obras	SU ÉPOCA
Michel de Montaigne (Montaigne, Francia, 1533 - 1592)	Filosofía política *Ensayos*	• Guerras de religión. Concilio de Trento: Contrarreforma. Creación de la Santa Liga, que vence a los turcos en Lepanto. Rebelión en Flandes contra los Habsburgo. Guerra francoespañola en Italia, batalla de San Quintín y de Gravelinas. Matanza de hugonotes en la noche de San Bartolomé. Edicto de Nantes, promulgado por Enrique IV, que garantiza la libertad de conciencia en Francia.
Giordano Bruno (Nola, Italia, 1548 - Roma, 1600)	Humanismo *De la causa, principio y uno*	
Francis Bacon (Londres, Inglaterra, 1561 - 1626)	Filósofo escolástico *Novum Organum*	• La Inquisición católica vela por la pureza de la fe: Giordano Bruno morirá en la hoguera como hereje por defender sus ideas científicas. • Coronación de Isabel I como reina de Inglaterra. Derrota de la Armada Invencible. Fundación de la primera colonia inglesa en Estados Unidos. Creación de la Bolsa de Londres. Creación de la Compañía de las Islas Orientales. Comienzo de la guerra de los Treinta Años.
Galileo Galilei (Pisa, Italia, 1564 - Florencia, 1642)	Filósofo y astrónomo *Diálogo sobre los dos máximos sistemas del mundo, tolemaico y copernicano*	• Desarrollo del Método Científico, avances de las ciencias gracias a la labor tanto de Galileo (excomulgado por la Iglesia Católica) como de Iohannes Kepler.
Thomas Hobbes (Westport, Inglaterra, 1588 - Hardwick Hall, 1679)	Filosofía política *Leviatán*	• Comienzo de la hegemonía naval inglesa. El teatro inglés del periodo isabelino alcanza alturas excelsas con Marlowe y Shakespeare. Harvey descubre la circulación de la sangre. Avances en el sistema político inglés gracias a su parlamentarismo.
René Descartes (Turena, Francia, 1596 - Estocolmo, 1650)	Racionalismo. Cartesianismo *Discurso del método*	• Implantación progresiva del absolutismo francés. Gobierno del poderoso cardenal Richelieu, sustituido después por Mazarino. Fundación de la Academia Francesa para el desarrollo de las ciencias.

FILÓSOFO	ESCUELA Grandes obras	SU ÉPOCA
Blas Pascal (Clermont-Ferrand, Francia, 1623 - París, 1662)	Matemático y filósofo *Pensamientos*	• Por la Paz de Westfalia y la Paz de los Pirineos con España, Francia acrecienta sus posesiones y asciende como potencia europea. • Derrota naval española en la batalla de Las Dunas. Derrota española en Rocroi. Independencia de los Países Bajos.
Baruch Spinoza (Amsterdam, Países Bajos, 1632 - La Haya, 1677)	Panteísmo *Ética*	• Revolución de Oliver Cromwell y ejecución del rey Carlos I. Creación de la Royal Society para el desarrollo de las ciencias.
John Locke (Wrington, Inglaterra, 1632 - Oates, 1704)	Empirismo *Ensayo sobre el entendimiento humano, Carta sobre la tolerancia*	• Ascenso de Prusia en la época del Gran Elector Federico Guillermo, apoyado por su poderoso ejército y la clase de los *junkers*. Con Federico I, Berlín se convierte en gran capital y se funda la Academia de las Ciencias, al frente de la cual estuvo el propio Leibniz.
Gottfried Wilhelm Leibniz (Leipzig, Alemania, 1646 - Hannover, 1716)	Monadismo *Discurso de Metafísica*	• Tras la guerra de Sucesión española, el tratado de Utrecht pone a Sicilia en manos del duque de Saboya, y el Milanesado, Cerdeña y Nápoles en las del emperador austriaco Carlos VI. Una nueva guerra hispano-austriaca en 1734 otorga a Austria el dominio del norte del país, mientras Isabel Farnesio obtiene el reino de Parma para su hijo Carlos y el de Nápoles para Carlos de Borbón, futuro Carlos III de España.
Gian Battista Vico (Nápoles, Italia, 1668 - 1744)	Filósofo y científico *Ciencia Nueva*	• Con Jorge I llega al trono inglés la casa de Hannover y se impone la figura del Primer Ministro en la persona de Walpole. En 1707 se suscribe el pacto de Unión de Inglaterra y Escocia, germen del futuro Reino Unido. El tratado de Utrecht de 1713 da a los británicos el dominio marítimo sobre el Mediterráneo y el Atlántico Norte.
George Berkeley (Thomastown, Irlanda, 1685 - Oxford, 1753)	Idealismo subjetivo *Tratado sobre los principios del conocimiento humano, Diálogos entre Hylas y Filonús*	

FILÓSOFO	ESCUELA Grandes obras	SU ÉPOCA
Montesquieu (Charles-Louis de Secondat) (La Brède, Francia, 1689 - París, 1755)	Filosofía política *Cartas persas, El espíritu de las leyes*	• La monarquía francesa del siglo XVIII, dominada por la figura de Luis XV. Costosas e inútiles guerras, la de los Siete Años, y la guerra por las colonias en América del Norte. El sostenimiento de los privilegios de la aristocracia pone los cimientos del estallido revolucionario de fin de siglo.
Voltaire (François-Marie Arouet) (París, Francia, 1694 - 1778)	Ilustración *Ensayo sobre las costumbres, Cartas filosóficas*	• El Siglo de las Luces, la Ilustración. Iniciado por Montesquieu y Voltaire, fue seguido por los enciclopedistas, de carácter materialista, y los idealistas, encabezados por Rousseau.
David Hume (Edimburgo, Escocia, 1711 - 1776)	Empirismo *Tratado sobre la naturaleza humana, Diálogos sobre la religión natural*	• Revolución Industrial, surgida en Gran Bretaña. En 1764 se inventa la máquina de vapor.
Jean-Jacques Rousseau (Ginebra, Suiza, 1712 - Ermenonville, 1778)	Filosofía política *El contrato social, Emilio*	• Guerra de los Siete Años (1756-1763). Crecimiento de las potencias del este de Europa: Austria, Prusia y Rusia. Guerra de Sucesión en Polonia en 1768, nueva potencia: el Imperio otomano.
Denis Diderot (Langres, Francia, 1713 - París, 1784)	Enciclopedismo *Pensamientos filosóficos*	• Diderot y Jacques D'Alembert inician la *Enciclopedia Francesa*. • Los jesuitas son expulsados de Portugal (1759) y España (1767); tras su expulsión de Italia (1773), el papa Clemente XIV declara disuelta la orden. El «despotismo ilustrado» se extiende por Europa: Federico II de Prusia, María Teresa I de Austria, Catalina II de Rusia, Carlos III de España, Gustavo III de Suecia, etc.
Immanuel Kant (Königsberg, Alemania, 1724 - 1804)	Lógica y metafísica *Crítica de la razón pura, Crítica de la razón práctica*	
Jeremy Bentham (Londres, Inglaterra, 1748 - 1832)	Utilitarismo *Introducción a los principios de la moral y de la legislación*	• La Revolución Industrial se impone en Gran Bretaña entre 1780 y 1830; Revolución americana, en las colonias inglesas entre 1773 y 1783; Revolución francesa (1789). Un nuevo mundo surge en el siglo XIX.

FILÓSOFO	ESCUELA Grandes obras	SU ÉPOCA
Georg W. Friedrich Hegel (Stuttgart, Alemania, 1770 - Berlín, 1831)	**Idealismo absoluto** *Fenomenología del espíritu, Ciencia de la lógica*	• La toma de la Bastilla da inicio a la Revolución francesa (1789). Luis XI, ejecutado en la guillotina (1793). • La ejecución de Robespierre pone fin al «Terror» (1784). • Directorio en Francia (1795). Napoleón toma el poder (1797). Napoleón coronado emperador (1804).
Friedrich Schelling (Leonberg, Alemania, 1775 - Bad Ragaz, 1854)	**Idealismo** *Sistema del idealismo trascendental*	• Batalla de Trafalgar y de Austerlitz (1805). Acuerdos de Fontainebleau (1807). Guerra de la Independencia española (1808). Derrota de Napoleón en Rusia (1812).
Johann Gottlieb Fichte (Rammenau, Alemania, 1762 - Berlín, 1814)	**Idealismo** *El sistema de la moral según los principios de la teoría de la ciencia*	• Fernando VII, rey de España (1814). Congreso de Viena (1814-1815). Batalla de Waterloo (1815). Se constituye la Santa Alianza (1814). • Independencia de América Latina (1810-1825). Luis Felipe de Orleans, rey de Francia (1830). Abolición de la esclavitud en el Imperio Británico (1833). Victoria I, reina de Inglaterra (1837).
Arthur Schopenhauer (Danzig, Alemania, 1788 - Frankfurt, 1860)	**Irracionalismo** *El mundo como voluntad y representación*	Colonización del oeste de América del Norte (desde 1842). Revolución en Viena, caída de Metternich (1848). Francisco José, emperador de Austria (1848). Luis Napoleón preside la Segunda República Francesa (1848).
Thomas Carlyle (Ecclefecham, Escocia, 1795 - Londres, 1881)	**Filosofía histórica** *Historia de la Revolución francesa*	• Victor Manuel II, rey de Cerdeña-Piamonte (1849). Napoleón III, emperador francés (1852). Guerra de Crimea (1853-1856). Congreso de París (1856). Construcción del canal de Suez (desde 1859).

FILÓSOFO	ESCUELA Grandes obras	SU ÉPOCA
Auguste Comte (Montpellier, Francia, 1798 - París, 1857)	Positivismo *Sistema de política positiva*	• Unificación de Italia: Victor Manuel II (1861). Guerra de Secesión estadounidense (1861-1865). Primera Internacional (1864).
Ralph Waldo Emerson (Boston, Estados Unidos, 1803 - Concord, 1882)	Trascendentalismo *Naturaleza*	• Asesinato de Lincoln (1865). • Guerra franco-prusiana (1870-1871).
Ludwig Feuerbach (Landshut, Alemania, 1804 - Nuremberg, 1872)	Idealismo revolucionario *Principios de la filosofía del futuro*	• Comuna de París (1871). • Unificación de Alemania (1871).
John Stuart Mill (Londres, Inglaterra, 1806 - Aviñón, 1873)	Utilitarismo *Principios de economía política, Utilitarismo*	• Triple Alianza: Alemania-Austria-Italia (1882). Guillermo II, emperador de Alemania (1888). Segunda Internacional (1889). Bismarck dimite (1890). Desastre del 98; España pierde sus últimas colonias (1898). Revolución decembrista en Rusia (1905). Guerra ruso-japonesa (1904-1905).
Søren Kierkegaard (Copenhague, Dinamarca, 1813 - 1855)	Existencialismo *El concepto de la angustia, Temor y temblor*	
Karl Marx (Tréveris, Alemania, 1818 - Londres, 1883)	Marxismo *El capital*	• La Gran Guerra (1914-1919). • Revolución Rusa (1917). Se crea la Sociedad de Naciones (1919). Fundación de la Tercera Internacional (1919).
Friedrich Engels (Brema, Alemania, 1820 - Londres, 1895)	Materialismo dialéctico *Manifiesto del partido comunista*	• Derecho a voto para las mujeres en Estados Unidos (1919).
Charles Sanders Peirce (Cambridge, Estados Unidos, 1839 - Milford, 1914)	Pragmatismo *Collected Papers*	• Independencia de Irlanda (1920). Mussolini toma el poder en Italia (1922).

FILÓSOFO	ESCUELA Grandes obras	SU ÉPOCA
William James (Nueva York, Estados Unidos, 1842 - Chocorua, 1910)	Pragmatismo *La voluntad de creer*	• Dictadura de Primo de Rivera en España (1923-1930). • Muerte de Lenin (1924). • Crack de la Bolsa de Nueva York (1929).
Friedrich Nietzsche (Röcken, Alemania, 1844 - Weimar, 1900)	Vitalismo *Así habló Zaratustra, Más allá del bien y del mal, El crepúsculo de los dioses*	• Segunda República en España (1931). Hitler alcanza el poder en Alemania (1933). Proclamado el Tercer Reich en Alemania (1933). Mao inicia la «Larga Marcha» en China (1935).
Sigmund Freud (Freiberg, Austria, 1856 - Londres, 1939)	Psicoanálisis *Tótem y tabú, Psicoanálisis, El malestar de la cultura*	• Bergson recibe el Premio Nobel de Literatura (1927).
Henri Bergson (París, Francia, 1859 - 1941)	Filosofía de la intuición *Materia y memoria, La evolución creadora*	• Guerra Civil española (1936). • Alemania se anexiona Austria (1938). Franco toma el poder en España tras su victoria en la Guerra Civil (1939). Comienza la Segunda Guerra Mundial (1939).
John Dewey (Burlington, Estados Unidos, 1859 - Nueva York, 1952)	Pragmatismo *Democracia y educación*	• Ataque japonés a Pearl Harbor. Estados Unidos entra en guerra (1941). Caída de Mussolini en Italia (1943). Desembarco de Normandía (1944). Liberación de París (1944). De Gaulle toma el poder en Francia (1944). Conferencia de Yalta (1945).
Jorge Ruiz de Santayana (Madrid, España, 1863 - Roma, 1952)	Realismo *Los reinos del ser*	• Muerte de Hitler, caída del Tercer Reich alemán (1945). Bombas atómicas sobre Hiroshima y Nagasaki. Rendición de Japón y fin de la guerra (1945). Fundación de la ONU (1945). Conferencia de Potsdam (1945). Comienza la «guerra fría» (1947).
Miguel de Unamuno y Jugo (Bilbao, España, 1864 - Salamanca, 1936)	Existencialismo humanista *Del sentimiento trágico de la vida en los hombres y en los pueblos, Contra esto y aquello*	
Benedetto Croce (Pescasseroli, Italia, 1866 - Nápoles, 1952)	Filosofía política *Ética y política*	• Independencia de la India (1047). Plan Marshall (1947). Creación del Estado de Israel (1948).

FILÓSOFO	ESCUELA Grandes obras	SU ÉPOCA
José Ortega y Gasset (Madrid, España, 1883 - 1955)	Raciovitalismo *España invertebrada, La rebelión de las masas*	• Proclamación de la República Popular China (1949). Creación de la OTAN (1949). • Guerra de Corea (1950).
Ludwig Wittgenstein (Viena, Austria, 1889 - Cambridge, 1951)	Positivismo lógico *Tractatus logico-philosophicus*	• Muerte de Stalin (1953). • Creación del Pacto de Varsovia (1955). Se crea la Comunidad Económica Europea en Roma (1957).
Martin Heidegger (Messkirch, Alemania, 1889 - 1976)	Existencialismo *El ser y el tiempo*	• Fidel Castro derroca a Batista y triunfa la revolución cubana (1958). Comienza la descolonización de África (1960). Se levanta el «muro de Berlín» (1961).
Bertrand Russell (Trelleck, Gales, 1872 - Penrhyndeudraeth, 1970)	Positivismo lógico *Principia Mathematica, Autobografía*	• Estados Unidos inicia la guerra de Vietnam (1962).
Jean Paul Sartre (París, Francia, 1905 - 1980)	Existencialismo *El ser y la nada*	• Concilio Vaticano II (1962-1965). John Kennedy, presidente de Estados Unidos, asesinado (1963).
Hannah Arendt (Hanover, Alemania, 1906 - Nueva York, 1975)	Filosofía política *El origen del totalitarismo*	• Guerra de los Seis Días entre Israel y sus vecinos árabes (1967). La «Primavera de Praga» aplastada por los tanques rusos (1968).
María Zambrano (Vélez-Málaga, España, 1907 - Madrid, 1991)	Raciovitalismo *El hombre y lo divino*	• Asesinato de Martin Luther King (1968). Revolución de Mayo del 68 en Francia (1968).
Simone de Beauvoir (París, Francia, 1908 - 1986)	Existencialismo. Feminismo *El segundo sexo, La vejez*	• El hombre llega a la Luna (1969). Independencia de Bangla Desh (1971). Guerra del Yon Kippur (1973). Golpe militar en Chile, el presidente Allende asesinado (1973). Escándalo Watergate, Nixon dimite (1974). Revolución de los Claveles en Portugal (1975). Muere el dictador Francisco Franco. Se restaura la monarquía en España (1975).
Albert Camus (Mondoví, Argelia francesa 1913 - Villeblevin, 1960)	Existencialismo *El mito de Sísifo, El hombre rebelde*	

Índice onomástico

La primera edición de
este libro se terminó
de imprimir el día
1 de octubre de 2009,
festividad de santa Teresita
del Niño Jesús